PUBLICATION DE LA RÉUNION DES OFFICIERS

ÉTUDES

SUR

L'ART DE CONDUIRE LES TROUPES

PAR

VERDY DU VERNOIS

COLONEL CHEF D'ÉTAT-MAJOR DU 1ᵉʳ CORPS D'ARMÉE

QUATRIÈME PARTIE

AVEC UN PLAN

FIN DE LA PREMIÈRE ÉTUDE

CONCERNANT LA DIVISION FAISANT PARTIE DU CORPS D'ARMÉE

TRADUIT DE L'ALLEMAND

Par A. MASSON, capitaine d'État-major

BRUXELLES

C. MUQUARDT, ÉDITEUR

HENRY MERZBACH, SUCCʳ, LIBRAIRE DE LA COUR

MÊME MAISON A LEIPZIG

PARIS, J. DUMAINE

30, RUE ET PASSAGE DAUPHINE

1874

L'ART

DE

CONDUIRE LES TROUPES

TYPOGRAPHIE DE M. WEISSENBRUCH

IMPRIMEUR DU ROI

RUE DU MUSÉE, 11, A BRUXELLES

ÉTUDES

SUR

L'ART DE CONDUIRE LES TROUPES

PAR

VERDY DU VERNOIS

COLONEL CHEF D'ÉTAT-MAJOR DU 1ᵉʳ CORPS D'ARMÉE

QUATRIÈME PARTIE

AVEC UN PLAN

FIN DE LA PREMIÈRE ÉTUDE

CONCERNANT LA DIVISION FAISANT PARTIE DU CORPS D'ARMÉE

TRADUIT DE L'ALLEMAND

Par A. MASSON, capitaine d'État-major

BRUXELLES

C. MUQUARDT, ÉDITEUR

HENRY MERZBACH, SUCCⁱ, LIBRAIRE DE LA COUR

MÊME MAISON A LEIPZIG

PARIS, J. DUMAINE

30, RUE ET PASSAGE DAUPHINE

1874

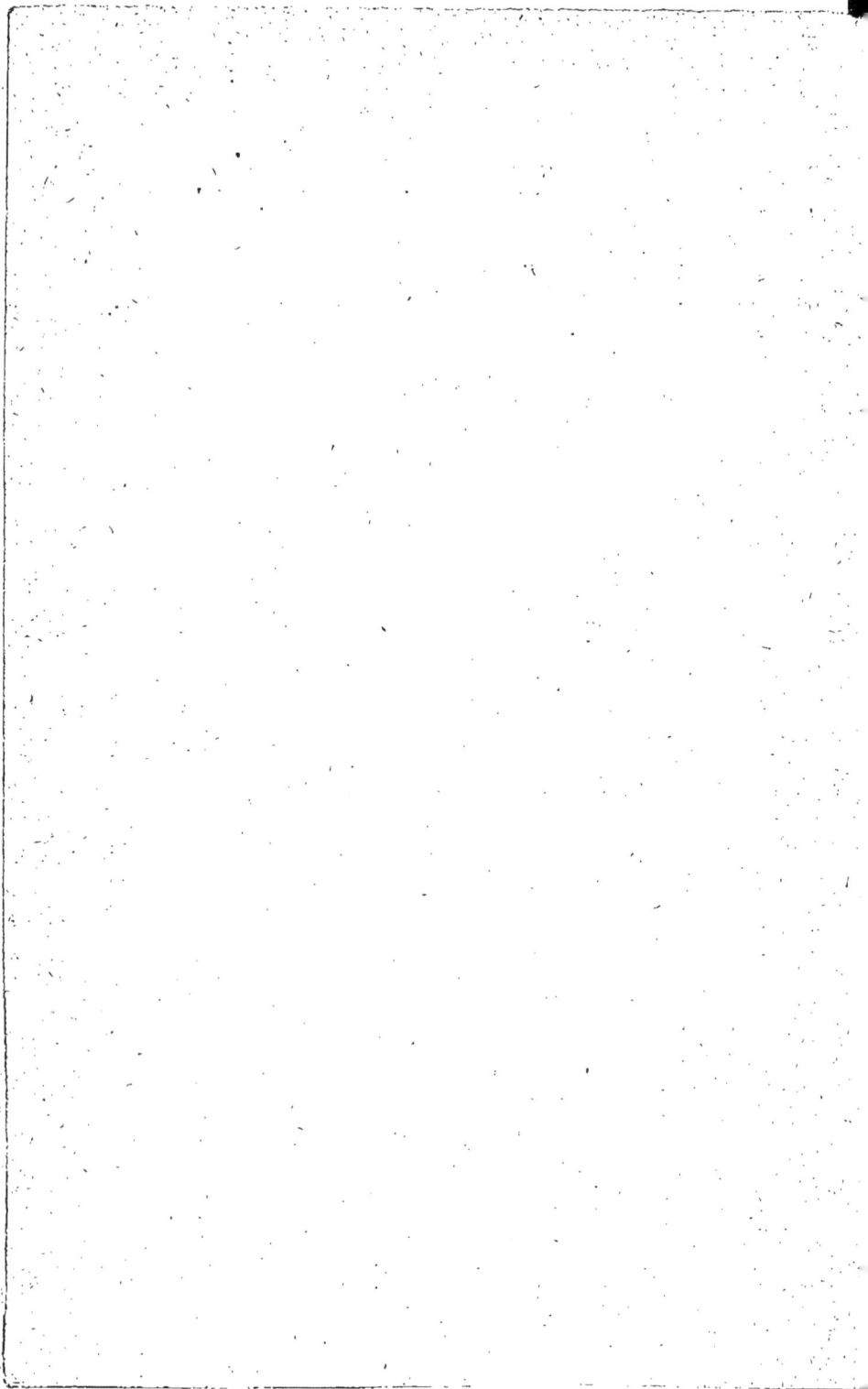

TABLE DES MATIÈRES

DE LA QUATRIÈME PARTIE.

———— ✦ ————

FIN DU COMBAT.

De 4 à 5 h. de l'après-midi.

A 4 h. du soir, la situation était la suivante :
La position défendue par l'ennemi était tombée
au pouvoir de la division, après une vigoureuse
résistance. La 3ᵉ brigade occupait Neu-Rognitz,
ainsi que le bois situé à l'ouest du village ; on ne
pouvait guère songer en ce moment à aborder la
hauteur au nord de Burkersdorf ; cette hauteur
était couronnée d'une forte artillerie et la nature
du terrain ne permettait pas à nos batteries d'appuyer ce mouvement. Les fractions de la brigade,
qui ne se trouvaient pas en première ligne, étaient
occupées à se rallier au sud de la carrière de
Sorge et à l'est de Neu-Rognitz. La 1ʳᵉ ligne de
la 4ᵉ brigade suivait l'adversaire à travers les bois
situés au sud-est du village ; un de ses régiments
se tenait en réserve à la lisière nord de ces bois.
Là également se trouvait le régiment de hussards
avec trois batteries ; la quatrième était encore

engagée à l'extrémité de l'aile gauche. On entendait aussi le canon de la garde vers le sud-est, Quant aux autres troupes du 1ᵉʳ corps d'armée, on savait qu'elles étaient déployées au sud et au nord d'Hohenbruck.

Dans cette situation, *le lieutenant-général A.* attachait un grand prix au ralliement rapide de ses troupes. Vu l'état d'épuisement dans lequel se trouvait tout son monde, il ne lui paraissait guère possible de pousser beaucoup plus loin les avantages obtenus. On était en marche depuis 4 h. du matin, on combattait depuis 9 h.; on ne pouvait attaquer la position de l'ennemi sans préparer de nouveau l'attaque et d'une manière complète; on devait donc se contenter pour le moment de se maintenir sur le terrain conquis.

Du reste, la retraite de l'aile droite de l'ennemi se dessinait déjà d'une manière décisive et peu après 4 h. 1/2, on apprenait par l'aide de camp, qui avait été envoyé en observation à l'angle sud-est de Neu-Rognitz, que les batteries de son aile gauche abandonnaient la hauteur située en avant de Burkersdorf.

Le lieutenant-général A. ordonna aussitôt aux trois batteries qu'il avait sous la main de s'avancer jusqu'à cette hauteur, sous la protection du régiment de hussards, et de là de canonner l'ennemi dans sa retraite. La phase antérieure du combat et la nature du terrain n'avaient pas permis jusqu'à présent au général de se renseigner suffisamment sur les mouvements de l'ad-

versaire ; il suivit donc le mouvement en personne ;
il était probable que du sommet dominant (635),
il aurait une vue très étendue. Les hussards pri-
rent la tête ; ils traversèrent au trot, en colonnes
d'escadrons rompus par peloton, l'intervalle étroit
compris entre l'extrémité sud de Neu-Rognitz et
les bois situés au sud, traversèrent la chaussée et
gravirent la hauteur, précédés par leur 1er escadron, qui les couvrait à 400 pas en avant. La
pointe de bois, qui coupe la chaussée avant sa
bifurcation, était déjà occupée par des fractions
de la 4e brigade ; à l'ouest de la grande route, les
troupes avancées de la 3e brigade avaient quitté
la lisière des bois qu'elles avaient jusqu'alors
occupée et se disposaient également à gravir la
hauteur.

A 4 h. 3/4, le commandant de la division se
trouvait sur la crête. Les trois batteries ouvrirent
immédiatement leur feu sur l'ennemi qui se retirait. Le général ordonna au même moment au
colonel D., qui arrivait avec ses troupes avancées,
de rallier tout son régiment sur la crête.

L'horizon, que l'on avait de la hauteur située
en avant de Burkersdorf, était borné à environ
une lieue au sud par une chaîne de hauteurs. A
leur pied on distinguait clairement les villages
attenants de Deutsch-Prausnitz et Kaile, avec leurs
maisons disséminées et leurs toits en tuiles, qui
émergeaient du milieu des massifs d'arbres des
jardins. A l'ouest, le terrain était limité par une
ligne de sommets et de pentes de même élévation,

sur lesquels courait la route de Königinhof ; on distinguait çà et là quelques tronçons de cette route, aux points où elle traverse les divers contreforts. Ces hauteurs descendaient doucement vers l'est, et finissaient par former un terrain presque entièrement plat, où l'on apercevait le village de Staudenz et plus à gauche, à une assez grande distance, les premières maisons d'Ober-Raatsch. Derrière ces villages se succédait une suite de collines dominées par des hauteurs plus considérables, qui bornaient l'horizon de ce côté.

La position qu'avait prise la 2ᵉ division d'infanterie, de la hauteur située en avant de Burkersdorf à la vieille carrière (Alter Steinbruch), dominait le bassin qui s'étend en avant, de sorte que l'ensemble du terrain jusqu'à Kaile et Deutsch-Prausnitz se présentait sous l'aspect d'une cuvette assez allongée vers l'est.

Au pied de la position s'élevait le village compact de Burkersdorf ; en arrière du village et à l'est, vers Staudenz, on distinguait les bords nettement délimités de plusieurs grands bouquets de bois.

Ainsi que nous l'avons déjà remarqué, la nature du terrain permettait de le découvrir complètement du point où l'on était, et l'on pouvait y distinguer facilement, à grands traits du moins, les mouvements de l'ennemi.

A Burkersdorf, on apercevait de l'infanterie, mais elle paraissait déjà évacuer le village. Les bois situés plus loin à l'est et Staudenz étaient encore occupés; à la lisière ouest de ce village, une batterie échangeait son feu avec une des nôtres, en position aux environs de Alter-Stein-bruch; au nord-est du village, on apercevait encore un engagement d'infanterie.

On pouvait distinguer, en outre, des colonnes ennemies en retraite sur la grande route de Kaile, ainsi que sur le chemin de Burkersdorf à Deutsch-Prausnitz; la queue de ces colonnes se trouvait à peu près à la hauteur des bois situés au sud et à l'est de Burkersdorf. En arrière des bois, une grande masse de cavalerie, d'environ trois régi-ments, était en mouvement dans la direction de Staudenz. La chaussée de Königinhof ne parais-sait, au contraire, avoir été utilisée que pour la retraite de quelques détachements. La batterie, qui avait été la dernière engagée, se retirait sur cette route, et l'on voyait ses dernières voitures disparaître en ce moment dans les bois qu'elle traverse, au nord du sommet 628.

Dans ces circonstances, il était évident, au pre-mier aspect, *pour le général de division,* qu'il n'y avait plus rien à faire avec l'ennemi; la position de son artillerie et de ses réserves d'infanterie sur la hauteur 635, ainsi qu'à la lisière des bois situés au sud-est de Neu-Rognitz, avait permis à l'ad-versaire de rallier assez loin ses troupes repous-sées, pour les diriger en arrière en masses serrées. L'occupation de Staudenz et de Burkersdorf, ainsi que celle des bouquets de bois, lui permettait aussi de couvrir avec avantage son mouvement rétrograde. En voyant l'adversaire commencer seulement en ce moment l'évacuation de Burkersdorf, et l'avance déjà prise par celles de ses masses qu'on pouvait apercevoir, on pouvait facilement conclure que la retraite s'opérait en bon ordre.

Il n'y avait plus guère de perspective d'obtenir de grands résultats du régiment de cavalerie divisionnaire qu'on avait sous la main. En conséquence, *le lieutenant-général A.* se contenta d'ordonner au colonel D. d'envoyer un bataillon à Burkersdorf, que canonnait déjà notre artillerie, pour chasser les dernières troupes de l'ennemi, et il prescrivit au régiment de hussards de suivre l'adversaire et de constater en tout cas où il allait prendre position.

Après avoir donné ces ordres, le général porta son attention sur les dispositions qu'il fallait, en ce moment, prescrire à ses troupes (5 h.).

Remarques sur la fin du combat.

De 4 à 5 h. de l'après-midi.

Après avoir pris possession de Neu-Rognitz, et après avoir atteint le petit vallon situé à l'est du village, la division renonça à l'offensive. La raison qui motiva cette résolution était, qu'à l'aile droite l'attaque de la position que l'ennemi occupait avec de grandes forces sur la hauteur en avant de Burkersdorf ne présentait aucune chance de succès, et qu'à l'aile gauche, on croyait inutile de se laisser entraîner dans un combat de bois difficile, attendu que l'approche de la garde ne devait pas tarder à faire évacuer cette partie du champ de bataille. La fatigue des troupes, déjà très grande en ce moment, peut bien aussi avoir exercé quelque influence ; peut-être aussi craignait-on d'imposer ce nouvel engagement dans les bois à la 4e brigade, déjà rudement éprouvée.

Tous ces motifs sont sans valeur, si les troupes ne sont pas tellement épuisées, qu'il soit absolument impossible de continuer le combat. C'est précisément le devoir de celui qui commande, de profiter jusqu'au bout de tous ses avantages sur l'ennemi, et de déployer la plus grande énergie pour surmonter toutes les entraves qui s'y opposent.

Si l'on n'avait pu compter sur le concours de la garde, il n'y avait qu'un épuisement complet, qu'un éparpillement absolu des troupes qui pussent empêcher de poursuivre l'offensive. On ne pouvait songer alors à laisser l'ennemi passer la nuit dans les bouquets de bois dont il était maître, ni continuer sans interruption un combat de pied ferme le long du vallon ; on ne pouvait pas davantage se maintenir encore des heures entières dans Neu-Rognitz, sous le feu rapproché de l'artillerie ennemie, contre laquelle on ne pouvait rien. Il ne restait donc que deux partis à prendre : ou chercher encore à repousser l'adversaire de cette position, ou se résoudre à abandonner une partie du terrain conquis, et chercher plus en arrière une position plus avantageuse.

Mais ici, dans la situation qui nous occupe, la garde était déjà engagée, et son influence devait, à chaque instant, devenir plus fâcheuse pour l'adversaire. Il n'en était donc que plus impérieux pour la 2e division d'infanterie de continuer le combat avec la dernière énergie. En agissant ainsi, non seulement on détournait de la garde une partie des forces de l'adversaire, mais on se ménageait des résultats d'autant plus grands, qu'on serrerait l'ennemi de plus près sur son front et qu'il lui deviendrait plus difficile de se dégager. L'attaque de flanc de la garde n'en eût été que plus efficace et la défaite de l'ennemi plus grave.

On ne peut donc approuver la 2e division d'infanterie d'avoir abandonné l'offensive déjà avant 4 h. Dans la situation générale des choses, il était sans doute devenu probable que l'ennemi évacuerait bientôt le terrain, qu'il fallait encore occuper pour assurer les succès obtenus jusqu'ici, mais on ne pouvait en avoir la certitude, puisqu'on n'était nullement fixé sur sa force ni sur sa situation. Mais ce qui était plus important que la conquête d'un nouveau morceau de terrain, c'était l'occasion qui s'offrait d'infliger encore à l'ennemi des pertes plus sérieuses, et cette occasion, on ne devait pas la laisser échapper. A la guerre, on ne saurait faire assez, mais une énergie sans réserve n'est pas le fait de tout le monde. La fatigue intellectuelle, l'épuisement physique, qui finissent aussi par s'emparer de celui qui commande, le chiffre considérable des pertes qu'on a éprouvées, le sentiment d'avoir déjà obtenu un avantage important, la crainte de s'exposer encore à un revers, si l'on pousse ses forces à bout, tout cela impressionne à la fois et conduit souvent à s'arrêter. Ce n'est que si, avec une volonté de fer, on a su reconnaître la nécessité de ranimer les forces qui s'épuisent et de réveiller les éléments affaiblis, qu'on pourra pousser au delà. Toutefois, la situation changeait complètement, dès que la retraite de l'ennemi permit à la division de s'emparer des hauteurs en avant de Burkersdorf et près de Alter-Steinbruch. On pouvait maintenant constater que l'ennemi se retirait en bon ordre, qu'il occupait les villages et les bois avantageusement placés pour couvrir sa retraite, et se convaincre que l'attaque de ces points coûterait probablement plus cher à la division que leur occupation momentanée par le défenseur ne valait. Du reste, il était facile de reconnaître que le mouvement tournant de la garde avait produit tout ce qu'on pouvait en attendre dans les circonstances actuelles, et qu'il n'y avait plus rien à en espérer pour la suite, du moment que l'ennemi, en se décidant à la retraite, s'était soustrait au mouvement tournant qui le menaçait.

Dans ces circonstances, on devait tenir compte des nécessités de sa propre situation, ce qui entraînait la cessation du combat.

Il y a cependant encore une observation à faire, qui concerne le commandant du corps d'armée. L'interruption inopportune qui se produisit, comme nous l'avons dit plus haut, dès avant 4 h., dans le combat de la 2ᵉ division, est en grande partie la faute du général commandant le corps d'armée. Bien avant 2 h., la brigade de tête de la 1ʳᵉ division d'infanterie était déjà déployée près d'Hohenbruck, lorsqu'elle reçut l'ordre d'attaquer aussi, en se portant au delà de ce village, à l'ouest de la chaussée (voyez 3ᵉ partie, page 21). Cet ordre était assurément justifié par les circonstances du moment. On avait sous la main les forces nécessaires pour maîtriser le combat, sans enlever aux troupes jusqu'alors engagées les réserves dont elles pouvaient avoir besoin. En portant cette brigade au delà de Sorge, on devait en tout cas détourner une partie des forces que l'ennemi pouvait opposer à la 2ᵉ division. Si l'adversaire n'avait pas assez de forces sous la main pour faire face à cette diversion, le mouvement de la 1ʳᵉ brigade prendrait en flanc la position qu'il occupait à Neu-Rognitz, et il se serait vu entraîné dans un combat des plus défavorables, à moins qu'il n'opérât rapidement sa retraite, pour échapper à ce danger. En poursuivant alors ce mouvement général destiné à l'envelopper, il était probable qu'on l'empêcherait de se maintenir sur la hauteur en avant de Burkersdorf. En tout cas, en engageant à temps opportun la 1ʳᵉ brigade, on aurait singulièrement facilité la tâche de la 2ᵉ division, diminué ses pertes, et le combat eût été probablement décidé une heure plus tôt, si ce n'est auparavant.

La brigade se mit bien, à la vérité, en mouvement; elle se porta même à une certaine distance au sud d'Hohenbruck; mais le général en chef, voyant les troupes engagées près de la chaussée, sur un point longtemps disputé jusqu'alors, gagner progressivement du terrain en avant, arrêta de nouveau la brigade, « pour ne pas engager trop de troupes inutilement » (voyez 3ᵉ partie, page 183). Le lieutenant-général A. en fut informé un peu après 3 h.; il reconnut aussitôt la faute commise et fit observer au général en chef qu'en portant des troupes fraîches à l'ouest de la chaussée, il était probable qu'on faciliterait sa tâche. On ne tint néanmoins pas compte de cette observation.

A une telle manière d'opérer on ne peut dire qu'une chose : c'est qu'on ne doit jamais ménager ses forces, au point de ne pas les employer. En voulant constamment épargner ses troupes, en vue de toutes les éventualités que peuvent encore réserver des circonstances inconnues, on ne parvient qu'à laisser échapper les occasions favorables qui se présentent sur le moment. Il ne s'agissait pas ici d'un simple combat de tirailleurs pour la division la plus avancée du corps d'armée; mais cette division était engagée tout entière dans un combat sérieux, et il fallait lui venir en aide aussi rapidement et aussi vigoureusement que possible. Le général en chef était parfaitement en état de le faire ; en ne le faisant pas, il a commis une faute impardonnable. C'est ainsi qu'on ruine ses troupes et qu'on augmente inutilement les sacrifices de la guerre, qui sont déjà si grands par eux-mêmes.

Si le lieutenant-général A. avait pu savoir d'avance que son général en chef l'abandonnerait aussi complètement à ses propres forces, il est probable qu'il n'aurait pas employé toute la 4e brigade à l'attaque de flanc sur Alt-Rognitz, mais qu'il se serait certainement ménagé une réserve, en gardant à sa disposition un régiment de cette brigade.

En n'engageant pas la 1re brigade, on nuisit encore de la manière la plus fâcheuse aux résultats de la victoire. Ainsi que nous l'avons vu, il n'y eut aucune poursuite ; c'est cependant là le seul moyen de recueillir les principaux fruits de la victoire et d'ébranler l'ennemi au delà des limites du champ de bataille. Cependant, la théorie prétend imposer aux troupes, au sujet des poursuites, des exigences auxquelles souvent elles ne peuvent satisfaire. Comment, d'ailleurs, s'expliquer le fait surprenant suivant : depuis la bataille de Waterloo, il est passé en proverbe dans notre armée, qu'après avoir remporté une victoire, il faut utiliser jusqu'au dernier souffle des hommes et des chevaux. Tous nous nous sommes imbus de ce principe avec nos premières leçons militaires ; le plus jeune sous-lieutenant comme le plus ancien général sont également convaincus de l'utilité de la poursuite, et cependant depuis lors notre histoire militaire, si riche en événements, ne vient nous fournir un deuxième exemple, pareil à celui de cette journée mémorable du 18 juin 1815 !

Pour l'expliquer, il faut surtout se représenter la situation dans laquelle se trouve un grand corps de troupes, après un combat acharné. Quand les masses sont dispersées et qu'elles échappent plus ou moins à la main qui dirige, il importe peu que quelque petit corps de troupes isolé se sente peut-être encore capable de produire de nouveaux efforts ; il n'y a pas à songer à lui en demander. Ce qu'il faut, ce sont de grandes masses concentrées, mues par une seule volonté ; or, en général, ces masses ne sont plus disponibles ou du moins ne sont pas toujours prêtes pour s'engager immédiatement au point voulu. Pour peu que l'ennemi ait eu le temps de rétablir l'ordre détruit, ou de couvrir ses masses dispersées par des corps de troupes concentrés, le vainqueur, qui lancerait sur lui sans réflexion ses détachements isolés, ne ferait que les exposer à subir de plus grandes pertes que l'ennemi. Mais la plupart du temps, ces troupes reconnaîtront leur isolement par rapport aux masses de l'ennemi, et s'arrêteront à temps.

Pour éviter tout malentendu, disons hautement, que nous sommes pleinement convaincus des grands résultats que peut procurer une poursuite dans certaines circonstances, que nous main-

tenons nettement le principe d'employer les dernières forces au profit de la victoire ; mais la chose
n'est pas, dans la pratique, aussi simple ni aussi
facile que la critique semble le croire, quand elle
dit : on a eu tort de ne pas poursuivre.

Arrêtons-nous à notre exemple.

On comprend facilement qu'après 12 h. de
marche et de combat, par une chaleur accablante,
les forces des hommes soient à peu près épuisées
à 4 h. de l'après-midi, et qu'en présence de la
puissance considérable que procure la défensive
même à de petits corps de troupes, les nôtres ne
fussent plus en état d'agir avec le même élan que
4 ou 6 h. auparavant. Elles étaient tout aussi
peu capables d'exécuter des mouvements étendus
et fatigants, dans le but de chercher à tourner
l'ennemi ; quant à attaquer aveuglément le front
de l'adversaire, il ne fallait pas y songer, après
la rude expérience de la journée, qui leur avait
prodigué sans ménagements des leçons suffisantes
à cet égard, et des plus sensibles.

Ajoutez à cela qu'il était très difficile de se
porter en avant sous le feu puissant de l'artillerie
postée sur la hauteur en avant de Burkersdorf
et que dans le désordre où se trouvaient les
troupes avant 4 h., au moment où elles abordèrent la lisière du bois situé à l'ouest de Neu-Rognitz, on ne pouvait guère songer à une attaque
de front, vu que la nature du terrain ne permettait pas d'appuyer cette attaque avec l'artillerie.
Quant à faire un mouvement tournant, il eût

fallu remonter bien haut, ce qui n'aurait fait qu'augmenter encore la fatigue des troupes; du reste, les troupes qu'on pouvait destiner à un pareil mouvement se trouvaient en arrière et n'étaient pas encore réorganisées, et quant à ce qui était en première ligne dans le bois, on aurait peut-être pu encore le lancer en avant, en l'entraînant dans une marche générale, mais on ne pouvait nullement l'engager dans les manœuvres compliquées que nécessite un mouvement tournant.

Il n'y avait donc pas possibilité de poursuivre sur ce point; il s'agissait plutôt d'une nouvelle attaque à entreprendre, et pour le moment, on était tout aussi peu en état de l'exécuter.

Il en était de même à notre aile gauche. On pouvait bien *suivre* l'adversaire jusqu'à la position qui s'étend de la chaussée à la vieille carrière (Alter-Steinbruck), mais on ne pouvait le *poursuivre* au delà, car c'était là aussi une position qu'il était difficile d'attaquer de front.

Là, en effet, l'assaillant a à parcourir une forêt de 1,500 pas de profondeur, sous le feu de l'ennemi et dans un terrain où l'œil ne peut pénétrer, où toute cohésion disparaît, et l'autorité supérieure ne peut ni la rétablir, ni donner une direction aux troupes qui s'y engagent. En face se trouve l'adversaire concentré, libre de ses mouvements; il voit l'assaillant s'approcher, sans que celui-ci puisse rien voir de lui.

Par poursuite, on entend, en général, la mise

à profit de la victoire, quand l'affaire est décidée. Par là, on se figure, en principe, une poursuite poussée sans interruption jusqu'à la dernière extrémité.

Mais, dans notre exemple, l'affaire est décidée, du moment où l'ennemi opère sa retraite; on le suit aussi loin qu'on peut; mais on ne tarde pas à être arrêté, après la prise de Neu-Rognitz et des bois situés à l'ouest et au sud-est du village; c'est l'ennemi lui-même qui met une barrière à notre poursuite, par la forte position qu'il occupe avec des masses concentrées en présence des troupes dispersées du vainqueur.

L'ennemi se résout ensuite, il est vrai, à évacuer les premières positions d'appui, qu'il avait prises en avant de Burkersdorf, pour recueillir ses troupes, mais l'assaillant ne se trouve pas davantage en état de pouvoir en profiter complètement.

On pourrait certainement dire que la 1re brigade eût été en état d'opérer la poursuite, si le général en chef ne l'avait pas arrêtée dans son mouvement sur Sorge.

Mais pouvait-on déjà songer à la poursuite en ce moment? Il eût été désirable, ainsi que nous l'avons montré, d'engager cette brigade, *pour la faire concourir à décider la victoire*, mais on ne pouvait pas si tôt lui faire prononcer son mouvement *en vue de la poursuite*. Il faut d'abord penser à gagner la bataille, et tant que ce résultat n'est pas acquis, on ne peut distraire les troupes

nécessaires à cet effet, pour les diriger en vue
d'éventualités à venir, qu'on ne peut avec certitude prévoir d'avance. On ne sait pas encore comment les choses tourneront, quand le combat
prendra fin.

On pourrait dire encore : Pourquoi ne pas
lancer la cavalerie, c'est à dire ici, la 1re brigade
de cavalerie? C'est cependant l'arme qui doit, de
préférence, s'attacher aux talons de l'adversaire;
c'est elle qui doit, du moins d'après la théorie,
recueillir les trophées, répandre la panique au
loin. Il est donc intéressant d'examiner de plus
près jusqu'où l'action de cette arme pouvait
s'étendre ici.

On doit en premier lieu exiger que les grandes
masses de cavalerie se tiennent également aussi
près que possible de la première ligne du combat.
Or, au moment où le combat est encore indécis à
Neu-Rognitz, ainsi que dans les bois à l'ouest du
village, particulièrement dans ceux du chemin
carrossable, il nous faut chercher la réserve d'infanterie la plus proche (1re brigade) un peu au
nord de la carrière de Sorge. La place de la 1re brigade de cavalerie eût été alors tout derrière elle,
de sorte que son aile gauche se trouvât à peu
près à proximité de la pointe nord du petit bouquet de bois situé sur la chaussée (entre Neu-
Rognitz et Hohenbruck). Mais elle eût dû rester
là, lorsque le combat se localisait en avant des
hauteurs au nord de Burkersdorf. Le terrain
libre, en effet, sur lequel elle pouvait se rendre,

eût été à l'est de Neu-Rognitz; mais là se trouvaient déjà un régiment d'infanterie de la 4ᵉ brigade, les fractions du 2ᵉ régiment en voie de se
rallier, l'artillerie divisionnaire et le régiment de
hussards; il y avait donc là d'autant moins de
place pour la brigade de cavalerie, que les pro-
jectiles ne cessaient d'y pleuvoir en beaucoup
d'endroits.

Le lieutenant-général A. reçoit à 4 h. 32 m.
l'avis que l'ennemi se retire de sa dernière position. Or, si l'on admet le cas le plus favorable,
c'est à dire qu'on fît venir la brigade de cavalerie
par le chemin le plus direct, on avait à parcourir
2,000 pas du point où se trouvait le général jusqu'à la brigade. L'aide de camp montant un cheval
déjà éreinté ne pourrait avoir communiqué l'ordre
au commandant de cette brigade qu'à 4 h. 38 m.,
en y comprenant le temps employé par son chef
pour lui donner ses instructions. La brigade part
aussitôt au trot : en ce qui concerne le temps à
économiser, il est indifférent qu'elle prenne le
chemin de Neu-Rognitz ou de Sorge. Supposons
qu'elle prenne la première de ces directions; elle
suivra d'abord la chaussée, contournera à l'est le
village devenu difficile à traverser à la suite du
combat, puis coupera de nouveau la chaussée au
sud et se déploiera à l'abri derrière la hauteur 635.
Elle aura ainsi 3,900 pas à parcourir, et elle sera
souvent gênée dans sa marche par les diverses
troupes qu'elle rencontrera. La tête aura donc
beaucoup de peine à arriver avant 4 h. 50 m.;

la longueur de colonne de la brigade, dans les circonstances ordinaires, en y comprenant la batterie à cheval, se monte à environ 2,200 pas; ici cependant elle devrait considérablement s'allonger, de sorte que son déploiement ne sera terminé qu'à 4 h. 56 m.

Les dernières troupes de l'ennemi ont ainsi gagné une avance de 26 m. au moins ; la queue se trouve donc déjà à environ 1,000 pas au sud de Burkersdorf, et il faudrait encore plus de 10 minutes à la cavalerie avant de pouvoir sabrer, de sorte qu'elle n'atteindra l'ennemi que 36 minutes après sa retraite.

Mais, dans cet intervalle, l'ennemi pourra de nouveau se trouver en état de lui opposer une résistance suffisante, quand même il aurait commencé sa retraite en désordre.

Si l'on considère, en effet, que l'ennemi n'est pas si pressé, qu'il occupera Burkersdorf et les bois qui l'entourent, pour couvrir sa retraite et qu'il ne les évacuera que successivement, que notre infanterie s'est déjà arrêtée auparavant dans sa poursuite, on sera alors convaincu que la cavalerie, en suivant l'ennemi dans le cas actuel, ne sera guère en situation de recueillir d'importants trophées.

On pourrait objecter que l'exemple actuel a été choisi avec intention, pour présenter les circonstances les moins favorables à une poursuite. Il n'en est rien. La description du combat est simplement résultée des dispositions qui ont été prises, et la situation finale est le résultat naturel de la tournure qu'a prise l'engagement.

Il en sera ainsi dans la pratique dans un grand nombre de batailles et de combats. La poursuite dépendra toujours de la situation respective des deux partis, après que l'affaire aura été décidée. Le plus ou moins de désordre chez le vainqueur pèsera autant dans la balance que chez le vaincu, et si la retraite ne dégénère pas en déroute, le vaincu trouvera toujours quelques points d'appui où il pourra résister. Or, la défensive est aujourd'hui si forte, qu'on ne peut plus se jeter sur l'ennemi tête baissée; il faut du temps pour mettre en ordre les troupes qu'on va lancer sur l'adversaire, et ce temps profite aussi au vaincu. Dès qu'on a repoussé l'ennemi de la position décisive après un combat acharné, et en y employant toutes ses forces, que la victoire est décidée par conséquent, on ne se trouve pas toujours en état de reprendre, avec des troupes épuisées et en désordre, une offensive qui coûtera beaucoup de sacrifices contre les positions encore occupées par l'ennemi dans sa retraite.

On ne pourra, en général, profiter entièrement de la victoire, qu'autant qu'on y emploiera des réserves encore intactes, qui pourront engager une nouvelle action et briser la dernière résistance de l'adversaire.

Il en est tout autrement si la retraite dégénère en panique, si les masses en fuite ont renoncé, en général, à toute idée de résistance. Alors certainement les troupes du vainqueur pourront les suivre isolément, et souvent quelques cavaliers suffiront pour faire des centaines de prisonniers et leur faire mettre bas les armes.

La poursuite, le soir de Waterloo, se fit dans des circonstances exceptionnellement favorables, qui ne se reproduiront pas toujours aussi facilement. L'armée française comptait environ 60,000 hommes, c'est à dire, à peu près l'effectif de deux corps prussiens ; on pouvait l'embrasser d'un coup d'œil, tandis que les choses se sont présentées autrement sur les champs de bataille des dernières guerres où des masses colossales en sont venues aux mains. Il en résulte une différence considérable dans l'appréciation de la situation, la distribution des ordres et l'entrée en ligne des différentes troupes.

Ajoutez à cela que l'armée française *avait engagé jusqu'à ses dernières réserves* pour arracher la victoire et qu'au moment où le sort se prononça contre elle, ces forces étaient déjà toutes, à peu d'exceptions près, dans le plus grand désordre.

Dans ces circonstances, l'attaque dirigée par les Prussiens sur les derrières de l'aile droite des Français devait, par conséquent, produire un effet décisif. Lorsque cette aile droite vit déboucher tout à coup derrière elle les bataillons prussiens, au lieu des colonnes de Grouchy qu'elle attendait, elle ne songea plus à résister et se débanda complètement, offrant ainsi une proie facile au vainqueur, qui poursuivait ses débris.

La fameuse poursuite de Gnesenau continua
sans interruption jusqu'à quatre lieues du champ
de bataille, que n'avaient pas encore dépassé les
masses du vainqueur. *Elle fut exécutée avec
un bataillon, deux pelotons d'infanterie et six
escadrons.* Ce ne fut que le lendemain matin
que d'autres escadrons vinrent les renforcer au
bivouac. Cet exemple ne peut donc que simplement montrer quelle force possèdent des détachements relativement faibles, en face de masses
débandées et démoralisées.

En présence des observations si souvent injustes
de la critique, nous espérons, par les considérations qui précèdent, avoir réduit à sa juste valeur
l'idéal tant prôné de poursuivre jusqu'au dernier
souffle des hommes et des chevaux. Le principe,
qu'il faut tirer tout le profit possible de la victoire, en tant que cela est praticable, reste indis-
cutable; mais pour critiquer, il faut se mettre à la
place de celui qui commandait sur le champ de
bataille, et se reporter *à la connaissance qu'il avait*
de l'ensemble des circonstances. En général, on
juge des coups après que les deux jeux sont étalés
sur la table, c'est à dire après qu'on a *pleine connaissance des situations respectives des deux partis,*
et on se complaît de plus dans des suppositions
comme celle-ci : « Le général devait savoir ».
Mais entre *devoir savoir* et *savoir réellement,* il y
a une différence capitale, que franchissent beaucoup trop facilement les caprices de l'imagina-
tion.

Il faudrait donc attribuer à la force des événements, beaucoup plus qu'on ne l'admet en général, les motifs qui ont souvent empêché de compléter une victoire par la poursuite, et le blâme si souvent exprimé, à cette occasion, dans des centaines de combats et de batailles, devrait prouver que la réalité jette bien d'autres embarras dans les jambes que la théorie ne le considère généralement.

Par contre, nous pourrions attirer principalement l'attention sur un autre fait qui se représente souvent, mais qui, à notre avis, peut presque toujours être évité : *C'est qu'après une bataille gagnée, on perd souvent le contact avec l'ennemi.*

Dans la campagne de 1866, nous avons eu, dans les derniers jours de juin, une série presque continue de combats très sérieux sur différents points avec 6 corps de l'ennemi, et cependant, le 2 juillet, on ignorait complètement la position de sa grande armée. Les premières dispositions ordonnées pour le 3 juin, dispositions qui, du reste, ne furent pas mises à exécution, débutaient par ces mots : « Comme, malgré une suite continue de combats, le contact a été perdu avec l'ennemi, etc. », et il ressort de la relation officielle que l'on était dans une erreur complète, quand on était persuadé que l'armée autrichienne avait déjà repassé l'Elbe, et qu'elle était seulement sur le point de le franchir de nouveau.

Conserver le contact avec l'ennemi, une fois qu'on l'a obtenu, c'est l'affaire de la cavalerie. Toutefois, il faut que le général en chef lui indique d'abord la vraie direction. Si l'on ne peut la reconnaître immédiatement, il est nécessaire d'envoyer des détachements sur tous les chemins qu'a pu prendre l'ennemi. Si, au contraire, on ne lance ses escadrons que sur une seule route, il arrivera facilement qu'ils donneront avis, 12 h. après leur départ, qu'ils n'ont rencontré que des détachements dispersés, et il sera alors trop tard pour faire rechercher l'ennemi sur les autres routes. Pour peu qu'on connaisse l'histoire militaire, on trouvera facilement des exemples à l'appui.

On dira certainement dans la plupart des cas : la cavalerie était trop fatiguée. Mais cela n'est vrai que si l'on ne songe qu'à la conservation des chevaux, et si l'on craint qu'ils ne puissent plus alors rien faire les jours suivants. Ce sont là de faux principes. *Là où la cavalerie est nécessaire, il faut s'en servir au risque de ruiner tous ses chevaux, s'il le faut.* D'un autre côté, il arrive que, dans certaines circonstances, la cavalerie n'est plus en état de rien faire après une journée de combat ; la cause en est souvent due à ce qu'on lui a fait faire, la navette inutilement pendant toute la durée du combat ; et qu'on l'a ruinée ainsi.

DÉTAIL CONCERNANT LES BRIGADES DANS LE TEMPS ÉCOULÉ

De 4 à 5 h. du soir.

Troisième brigade.

Comme nous le savons, *le général-major* B. avait reçu, quelques instants avant 11 h., l'ordre de s'établir à Neu-Rognitz et de reformer sa brigade.

Il ordonna, en conséquence, au colonel E. (2° régiment) qui était à sa portée, de rallier toutes les troupes qui se trouvaient dans Neu-Rognitz et à l'est de la chaussée, en ne laissant dans l'intérieur que ce qui était nécessaire pour l'occuper, et de les ranger à l'est du village.

Il envoya son aide de camp porter un ordre analogue au colonel D. du 1ᵉʳ régiment.

Le colonel D. devait se maintenir dans la forêt à l'ouest de Rognitz, et rallier le reste de toutes les troupes à l'ouest de la grande route.

Voyons d'abord l'aile droite de la brigade.

A cette aile, comme nous le savons, le colonel D. avait pris (3ᵉ partie, page 205) un peu avant 4 h. des dispositions qui répondaient complètement aux intentions du général de brigade. Après s'être emparé du bois à l'ouest de Neu-Rognitz, il s'y tenait près du débouché du chemin non carrossable qui descend de la hauteur 635.

De ce point, il donna à son adjudant-major l'ordre

suivant : « Portez-vous vers l'est, en longeant la
lisière jusqu'au saillant qui s'avance dans la direction de Neu-Rognitz, et dites à tous les officiers
que je leur défends jusqu'à nouvel ordre de franchir la lisière; allez ensuite à la recherche du
major X. (commandant du 1er bataillon) et dites-
lui de prendre le commandement de toutes les
troupes qui se trouvent dans cette direction, à
partir de ce chemin; qu'il n'occupe cependant la
lisière qu'avec les forces indispensables, et qu'il
rallie tout le reste en arrière comme soutien. Vous
reviendrez ici, et vous m'y attendrez. »

Le colonel D. se porta ensuite de sa personne
vers l'ouest, en longeant le bord de la forêt.

Il ne rencontra d'abord que des tirailleurs isolés
des 1er et 3e bataillons, et il ordonna à un jeune
officier qui se trouvait avec eux, de garder l'espace s'étendant jusqu'à un arbre bien visible situé
à 400 pas environ de là. A l'angle de la forêt qui
s'avance en saillie vers le sommet 635, il rencontra de forts détachements encore engagés dans
un feu de mousqueterie avec les troupes ennemies qui occupaient le bouquet de bois situé en
face. Il aperçut un peu en arrière une troupe
massée et un officier monté, vers lequel il se
dirigea. C'était le commandant de la 10e compagnie du 2e régiment. Cet officier l'informa qu'il
avait là 2 pelotons 1/2 de sa compagnie; l'un était
déployé en tirailleurs, et le reste formait le soutien qu'avait aperçu le colonel. Il ajouta qu'il y
avait encore à sa droite un officier avec quelques

hommes du 3ᵉ régiment, et qu'un grand nombre d'hommes du 1ᵉʳ régiment se trouvaient engagés en première ligne.

Le colonel D., après s'être assuré que les forces qui se trouvaient là suffisaient complètement pour occuper la pointe du bois, ordonna au capitaine d'en prendre le commandement et de garder cette partie du bois, mais de ne pas la dépasser sans de nouveaux ordres. Les hommes du 1ᵉʳ régiment, qui s'y trouvaient encore, seraient réunis par petits groupes et renvoyés en arrière, afin de reformer derrière le bois les troupes qui n'étaient pas nécessaires au feu.

Le colonel retourna au point d'où il était parti et y retrouva son adjudant-major. Ce dernier lui rendit compte de l'ordre qu'il avait exécuté, et l'informa en même temps que le major X. se trouvait près de là. Le colonel se rendit vers lui et apprit par le rapport de cet officier, qu'il avait avec lui assez d'hommes de son bataillon (1ᵉʳ) pour garder la lisière et que, conformément à son ordre, il renvoyait en arrière tous les hommes qui ne lui appartenaient pas. Le colonel l'informa encore des dispositions prises à l'aile droite et se rendit ensuite dans le terrain découvert près de Sorge, pour y activer le ralliement de son monde.

Là il trouva un premier noyau formé, par ses 9ᵉ et 12ᵉ compagnies formées en masse; de tous côtés arrivaient par groupes des hommes appartenant à différents corps. Ils furent d'abord classés par régiment, puis successivement par

3

bataillon et par compagnie. On détacha plusieurs officiers et sous-officiers vers les troupes auxquelles la disposition de la forêt permettait de gagner facilement le terrain voisin de la carrière, pour les diriger sur ce point.

Il se forma ainsi peu à peu près de Sorge cinq détachements de force très différente[1].

Le 1er était formé d'hommes de presque toutes les compagnies du 1er bataillon du 1er régiment, 150 hommes environ.

Le 2e, d'environ 60 hommes des 5e et 6e compagnies du régiment.

Le 3e, des 9e et 12e compagnies, dont il a été question précédemment, et auxquelles s'étaient joints 25 hommes environ de la 10e compagnie, soit 370 hommes.

Le 4e comptait environ 30 hommes de la 10e compagnie du 2e régiment, et

Le 5e, environ 140 hommes de la 6e compagnie du 3e régiment.

Avant d'arriver en cet endroit, le colonel D. avait déjà été rejoint par l'aide de camp de la brigade, qui lui avait communiqué l'ordre dont il était porteur. Un quart d'heure après environ, cet aide de camp revint près du colonel pour le prévenir qu'un grand nombre d'hommes de son régi-

---

[1] On ne doit pas oublier comment sont numérotées les compagnies dans l'armée prussienne : les quatre premières (1, 2, 3, 4) appartiennent au 1er bataillon, les quatre suivantes (5, 6, 7, 8) au 2e bataillon, les quatre dernières (9, 10, 11, 12) au bataillon de fusiliers ou 3e bataillon.

(*Note du traducteur.*)

ment avaient été rassemblés de l'autre côté de la chaussée et allaient être dirigés vers lui. Le commandant de la brigade lui prescrivait de renvoyer à leurs bataillons les troupes du 2ᵉ régiment, qui pouvaient se trouver près de Sorge.

Le colonel D. lui fit observer cependant que jusqu'alors il n'y avait là qu'environ 30 hommes de la 10ᵉ compagnie de ce 2ᵉ régiment, mais qu'il les enverrait à leur compagnie, qui combattait en ce moment à l'extrémité de l'aile droite dans le bois situé en avant, attendu qu'on ne pouvait l'en retirer en ce moment; il le priait d'en prévenir le colonel E.

Il chargea ensuite le chef de son 3ᵉ bataillon, le major Y., de reformer les troupes qui venaient de l'autre côté de la chaussée (c'étaient la 10ᵉ compagnie, la majeure partie des 7ᵉ et 8ᵉ, ainsi que des hommes des 1ʳᵉ, 4ᵉ et 5ᵉ compagnies). Quand l'ordre serait rétabli, le major Y. devait diriger les hommes réunis du 1ᵉʳ bataillon vers la gauche, pour se rallier au gros de leur bataillon, déjà dans le bois. Le colonel dirigea les groupes du 2ᵉ et du 3ᵉ régiment à l'aile droite vers le point où il savait que le reste de ces deux compagnies était engagé (6ᵉ du 3ᵉ régiment et 10ᵉ du 2ᵉ régiment). Les 2ᵉ et 3ᵉ bataillons du 1ᵉʳ régiment devaient provisoirement rester en réserve à l'est de Sorge. Le colonel n'assista pas plus longtemps au ralliement de ces troupes; il se reporta vers la première ligne engagée, au moment où l'artillerie venait justement de cesser son feu (4 h. 30 m.).

Un quart d'heure après, le major Y. était en mesure de renvoyer un peu plus de 200 hommes au 1er bataillon; il avait sous la main 460 hommes de son 3e bataillon et 520 du 2e. En défalquant sa 11e compagnie qui était détachée, il lui manquait ainsi à son 3e bataillon près de 300 hommes, qui ne pouvaient tous avoir été tués ou blessés, attendu que le bataillon avait été peu engagé; il était plutôt probable qu'environ 150 hommes s'étaient joints à d'autres troupes, et erraient encore çà et là sur le champ de bataille.

A peine le major Y. avait-il renvoyé les hommes du 1er bataillon, qu'il reçut de la part du colonel D. l'ordre de se porter également en avant avec tout ce qu'il avait encore près de lui.

Le colonel D. s'était approché peu après 4 h. 30 m. de la lisière sud de la forêt, et s'était aperçu que les troupes qui l'avaient occupée jusque là l'avaient abandonnée, pour se porter sur la hauteur en face, que l'artillerie ennemie avait déjà évacuée. Il vit bientôt après notre artillerie et les hussards qui débouchaient de la chaussée pour gagner la crête, et y rencontra sur le sommet le général de division et le général de brigade. Il envoya donc au major Y. l'ordre indiqué plus haut de s'avancer avec ses troupes, et reçut lui-même un peu avant 5 h. l'ordre de s'emparer de Burkersdorf avec un bataillon.

En ce moment (5 h.), l'infanterie de l'aile droite se trouvait donc répartie de la manière suivante :

Dans la 1re ligne, où étaient arrivées les

troupes qu'on y avait dirigées, se trouvaient le major Y. avec 700 hommes environ du 1er bataillon, puis la 10e compagnie du 2e régiment comprenant 150 hommes environ, et la 6e du 3e régiment, comptant 170 hommes. Les deux autres bataillons du 1er régiment, forts respectivement de 520 et 460 hommes, traversaient alors la forêt[1].

Portons-nous maintenant au 2e *régiment*. A la suite de l'ordre qu'il avait reçu du commandant de la brigade, de se maintenir dans Neu-Rognitz et de rassembler les troupes qui se trouvaient dans le village et à l'est de la chaussée, le colonel E., secondé par son adjudant-major et plusieurs officiers montés, avait dirigé les différents groupes dans le terrain libre à l'est du village, et y avait fait venir aussi son 1er bataillon. Les 5e, 6e, 7e et 12e compagnies restèrent dans le village avec la compagnie du génie.

Le ralliement se fit comme à l'aile droite, et on parvint ainsi à reformer la plus grande partie des 8e, 9e et 11e compagnies du régiment. Du 1er régiment, il y avait là : la 10e compagnie, la plus grande partie des 7e et 8e, ainsi que des hommes des 1re, 4e et 5e compagnies. Il y avait encore la 7e compagnie du 3e régiment. Sur l'ordre du commandant de la brigade, les hommes du 1er régiment furent dirigés sur Sorge. Le

---

[1] Plus de 100 hommes furent amenés plus tard par les officiers et les sous-officiers, qu'on avait envoyés vers la carrière.

colonel E. envoya ensuite la 8ᵉ compagnie relever la 12ᵉ dans le village et réunit celle-ci aux 9ᵉ et 11ᵉ compagnies.

Lorsqu'on apprit la retraite de l'ennemi, le colonel E. se porta rapidement à l'extrémité sud de Neu-Rognitz et empêcha les compagnies qui s'y trouvaient de pousser plus loin. Il fit venir ensuite le 1ᵉʳ bataillon, ainsi que les 3 compagnies du 3ᵉ bataillon jusqu'à l'embranchement du chemin carrossable d'Alt-Rognitz, et renvoya la 7ᵉ compagnie du 3ᵉ régiment, qui s'était jointe à ses troupes, rejoindre sa brigade, dont une partie se trouvait à gauche à proximité.

Quoiqu'il manquât aussi encore un grand nombre d'hommes aux divers bataillons du 2ᵉ régiment, cependant on pouvait considérer, en général, l'ordre comme rétabli dans les deux régiments de cette brigade.

Quatrième brigade.

Lorsque la retraite de l'ennemi se fut dessinée en avant du front de la 4ᵉ *brigade d'infanterie*, *le général de division* avait, dès avant 4 h., donné l'ordre *au lieutenant-colonel Z.* de se porter en avant, mais sans pousser la poursuite au delà de la lisière sud des bois. Mais déjà, les 5 compagnies du 1ᵉʳ régiment, qui étaient déployées en tirailleurs en première ligne, avaient franchi le ruisseau sans attendre d'ordres et avaient suivi l'ennemi. *Le lieutenant-colonel* prescrivit aux soutiens de suivre le mouvement; la 1re compagnie devait se diriger le long du bord ouest du ruisseau, qui descend de la vieille carrière (Alter-Steinbruch), et servir de soutien à l'aile gauche; les 9e et 12e compagnies devaient, au contraire, longer la lisière ouest de la forêt par l'extérieur, pour chercher à couper la retraite aux troupes de l'ennemi, qui tiendraient trop longtemps dans les bois. Les 10 compagnies du 3e régiment, qui se trouvaient en réserve, reçurent l'ordre de s'avancer jusqu'au ruisseau voisin.

Comme l'ennemi précipitait sa retraite sans faire grande résistance, il n'était pas nécessaire de soutenir les troupes qui combattaient dans la forêt. Quelques unes perdirent, à la vérité, la direction, et il arriva même que les tirailleurs du 4e régiment s'égarèrent au point qu'un gros détachement ennemi apparut tout à coup à la lisière nord devant les réserves du 3e régiment, qui s'y trouvaient. Les pelotons de tête du 1er bataillon se déployèrent rapidement en tirailleurs et firent à cette occasion une soixantaine de prisonniers.

La 1re compagnie du 4e régiment, qui marchait à l'aile gauche vers la vieille carrière (Alter-Steinbruch), ne tarda pas à saisir l'occasion de s'engager avec le 2e bataillon, qui se trouvait plus à l'est, et en avant duquel l'ennemi précipitait sa retraite. A droite, au contraire, les 2 compagnies du 3e bataillon furent arrêtées dans leur mouvement tournant par le feu de l'artillerie ennemie postée sur la hauteur au nord de Burkersdorf.

Elles se jetèrent alors dans le bois qui s'avance
en pointe vers l'ouest et va couper la chaussée, et
de là elles ouvrirent le feu contre cette artillerie
et l'infanterie qui la couvrait. Pendant ce temps,
les autres fractions du régiment gagnèrent peu à
peu du terrain dans les bois et finirent par
atteindre sur quelques points la lisière sud; elles
étaient, il est vrai, dans un état de dispersion
complète. Quelques fractions cherchèrent aussitôt à déboucher de la lisière et à gravir la hauteur de la vieille carrière (Alter-Steinbruch), mais
elles furent repoussées avec perte par le feu des
réserves ennemies, qui occupaient ces positions
pour recueillir leurs troupes en retraite.

Quoiqu'il ne fût pas dans les intentions du
général de pousser plus loin, ces tentatives
auraient probablement continué, si la fatigue du
combat et les efforts que nécessitaient la traversée
d'un terrain aussi difficile, n'eussent complètement épuisé les forces des hommes. Telle était la
situation sur ce point, lorsqu'à 4 h. 30 m., l'ennemi évacua les hauteurs de Staudenz et de Burkersdorf. Bientôt après, le 2e bataillon, qui venait
du nord-est, s'approchait aussi de la vieille carrière. Le lieutenant-colonel Z. ordonna de rallier
sur ce point les 1er et 2e bataillons, et fit diriger
les fractions séparées du 3e bataillon vers la
chaussée, où les 9e et 12e compagnies étaient
restées dans leur dernière position près du bois.

A 5 h., l'ordre n'était pas encore rétabli à cette
aile; cependant, la plus grande partie des deux

premiers bataillons du 4ᵉ régiment, se trouvait déjà en ce moment près de la carrière (Alter-Steinbruch); près d'eux, il y avait un peloton de la 3ᵉ compagnie du 3ᵉ régiment; la 11ᵉ compagnie du 1ᵉʳ régiment y était aussi arrivée à la fin du combat, ainsi que le demi-peloton du 3ᵉ escadron, qui s'y était dirigé, après avoir été relevé dans la vallée de l'Aupa par des troupes de la garde.

Le 3ᵉ *régiment*, qui avait maintenant 11 compagnies réunies, depuis l'arrivée de la 7ᵉ, se tenait en réserve près du ruisseau à l'est de Neu-Rognitz.

REMARQUES SUR LES DÉTAILS RELATIFS AUX DIVERS CORPS DE TROUPES

Entre 4 et 5 h. de l'après-midi.

Troisième brigade.

La situation dans laquelle se trouve, pendant la dernière heure, l'ailé droite de la brigade, c'est à dire le 1ᵉʳ régiment en particulier, peut l'entraîner facilement à des mouvements offensifs isolés et irréfléchis. Les troupes ont balayé la forêt à l'ouest de Neu-Rognitz; elles sentent toutes qu'on marche victorieusement en avant, et elles se verraient avec regret arrêtées dans leur élan, tant qu'elles voient encore quelqu'un à combattre. Un pareil élan ne peut être que très louable, mais il est cependant nécessaire de le maîtriser, car le combat qu'on vient de soutenir dans le bois a produit beaucoup de désordre; les troupes sont mélangées; les soutiens errent çà et là sans direction, et manquent souvent aux points où ils seraient le plus nécessaires, si l'attaque se prolonge au delà de la lisière. Mais il n'est pas facile de maîtriser cette ardeur des troupes, en présence d'un ennemi concentré. Il est déjà bien difficile à celui qui commande en arrière de donner une direction dans l'intérieur du bois, où l'œil peut à peine pénétrer; mais en avant de la lisière, c'est impossible. Il arrive alors, qu'entraînés par l'ardeur du combat, stimulés par les succès déjà obtenus, des officiers débouchent isolément avec leurs pelotons, leurs compagnies, ou quelques hommes ramassés çà et là, pour s'élancer hors de la forêt, et poursuivre l'attaque (forêt de Sadowa). De pareilles attaques ainsi isolées, à peine aperçues par les troupes voisines et, par conséquent, nullement soutenues par ces dernières, tout aussi peu appuyées par les soutiens, n'amènent presque jamais de résultat favorable, et ne font que contribuer à augmenter inutilement les sacrifices. Ce sont là des situations dans lesquelles l'autorité supérieure peut difficilement intervenir; raison de plus pour que les chefs de pelotons et de compagnies soient bien convaincus qu'après avoir atteint une lisière, on ne doit jamais se laisser entraîner à des attaques irréfléchies contre un ennemi en position de l'autre côté.

C'est pour ces motifs qu'ici le colonel D. s'oc-

cupe déjà de défendre lé déboucher de la forêt
(3e partie, page 206); il organise ensuite l'occupation de la lisière avec les troupes avancées et
fait retirer toutes les autres en arrière dans le terrain voisin de la carrière de Sorge, afin d'y remettre un peu d'ordre. Obtenir un pareil résultat est fort difficile; aussi ne devons-nous pas
nous contenter des quelques lignes du texte qui
y sont relatives, mais chercher à nous éclairer
aussi sur les moyens d'exécution à employer.

Au commencement de cette période de temps,
il se fit une pause dans le combat de la 3e brigade.
C'est dans ces moments de répit seulement qu'il
sera possible, en général, de rassembler son
monde, dans le sens le plus étendu du mot. L'essentiel est d'abord d'y songer; mais l'expérience
prouve que cela n'arrive que très rarement.

On le comprend facilement. Il n'est donné à
personne de voir immédiatement si le combat est
réellement terminé; celui qui attaque sait seulement que, pour lui, il n'a pas l'intention de le
continuer pour le moment. Mais la suite dépend
aussi et surtout des intentions et des mesures de
l'adversaire. Le chef est debout et attend ce qui
va se produire; il pense que l'affaire va se décider, il hésite à quitter son point d'observation
qu'il n'abandonnerait qu'à regret, et cependant il
faudrait s'y résoudre, s'il veut rassembler son
monde. Il croit enfin pouvoir s'absenter un moment; mais à peine a-t-il fait quelques pas en
avant, qu'un nouvel horizon s'ouvre pour lui sur

la position de l'ennemi, ou qu'il découvre quelque mouvement chez l'adversaire, et alors il s'arrête de nouveau pour observer. Les minutes se succèdent ainsi, et il s'écoule des heures entières, et les troupes sont toujours dans le même désordre qu'auparavant, incapables, par conséquent, d'un effort vigoureux.

Mais si l'on se rappelle au moment voulu l'importance qu'il y a à rallier les troupes, on y emploiera tous les instants propices. Si la reprise du combat ne permet pas de le faire complètement, un rassemblement partiel mettra toujours les forces dans un meilleur état.

Les commandants de grands corps de troupes, comme le commandant d'une division, par exemple, ont l'avantage d'avoir plus d'organes à leur disposition que les commandants de bataillons et de régiments, pour agir et prendre des dispositions dans le sens qu'ils désirent; pendant qu'on reforme les troupes, rien ne les empêche de continuer à observer le combat, tandis que le commandant de régiment, ainsi qu'on l'a fait voir pour le colonel D., doit s'en priver de temps en temps.

Mais il pourra cependant le faire dans les pauses qui surviennent pendant le combat, s'il a soin, en premier lieu, de rétablir l'ordre dans la 1re ligne. Tant qu'il se tient près d'elle, l'ennemi n'échappe pas en tous cas à son observation. Comment rétablir l'ordre? Cela dépendra, dans chaque cas, des circonstances dans lesquelles on se trouvera. Dans

l'exposé que nous avons fait, nous avons essayé
de l'indiquer en détail pour l'aile droite de la division. Dès qu'on a remis de l'ordre dans la première ligne, on peut commencer par masser les
hommes en arrière, pour les classer ensuite par
bataillon ou compagnie. Le choix du point qui
doit servir à cet effet a une grande importance.
La ferme de Sorge ne répond pas à toutes les
exigences que la théorie pourrait demander ; car
une partie des hommes qui sont en avant, principalement ceux qui marchaient à proximité de
la chaussée, n'ont aucun pressentiment de l'exis-
tence de cette ferme ; il faut alors prendre des
mesures pour diriger sur le point de ralliement
les isolés qui débouchent de la forêt plus au nord.

Il faut, autant que possible, les diriger sur un
chemin ; ils formeront ainsi en quelque sorte
comme un torrent, qu'on pourra arrêter plus facilement en un point déterminé, que si on le laisse
envahir toute la plaine.

En tout cas, il faut d'abord rallier les hommes
par grandes masses, divisions, brigades ou régiments. Si, par exemple, une division a été engagée
et s'est disséminée pendant l'action, les brigades
doivent se choisir des points distincts de rassemblement ou on doit leur en assigner isolément. Quand
les hommes sont réunis par brigade sur chacun
de ces points, on les sépare ensuite par régiments,
puis par bataillons, dès que le nombre des hommes présents le permet. Il est toujours préférable
que le commandant supérieur désigne lui-même

ces points d'avance, quitte à les modifier plus tard, s'il est nécessaire. Nous avons exposé dans tous ses détails la manière d'agir du colonel D. à cet égard, afin de pouvoir ainsi mieux montrer comment on peut arriver à débrouiller un semblable chaos. La situation dans laquelle se présente la 3e brigade, dans cet exposé, peut également montrer à quel point des troupes sont mélangées après une action un peu chaude. Dans certaines circonstances, la confusion sera encore plus grande. Nous nous souvenons avoir vu les troupes d'un corps d'armée, que l'on ramenait en arrière à la fin d'une bataille et à la tombée de la nuit, arriver par masses dans un tel pêle-mêle, qu'il fallût placer des officiers sur le bord de la route que traversaient ces troupes, pour leur crier sans cesse : telle division à droite, telle division à gauche. Les points de rassemblement se trouvaient ainsi des deux côtés de la route.

Il est évident que l'on cherchera, chaque fois que cela sera possible, à rallier son monde en avant, ainsi qu'on le fit, par exemple, pour les troupes qui se trouvaient dans le bois au nord-est de Neu-Rognitz.

L'exposé des faits a encore fait voir comment l'aile droite fut interrompue dans son ralliement par l'ordre qu'elle reçut de continuer à se porter en avant; et cependant cette opération avait déjà duré plus d'une heure que les troupes n'avaient pas encore complètement repris leur formation. Le temps néanmoins n'a pas été perdu, car elles sont assez en ordre, pour qu'on puisse de nouveau les manier suivant les vues du général. Les hommes qui manquent encore à l'appel, à l'exception des tués et des blessés, ne rejoindront que successivement leurs bataillons, mais il ne faut nullement espérer qu'ils seront sous leurs drapeaux dans la soirée. Le lendemain même, ils ne s'y trouveront pas tous, pour peu que les troupes ne restent pas à leurs places pendant la plus grande partie de la matinée.

Tout cela prouve combien le rassemblement est difficile; il n'en est donc que plus important d'y songer à tout instant. Mais l'expérience nous enseigne souvent qu'on n'y pense pas toujours immédiatement, même à la fin d'un combat qui a fait chèrement acheter la victoire, et l'on y pense encore beaucoup moins dans les petites pauses qui surviennent pendant l'action.

La forêt que l'on occupait à l'ouest de Neu-Rognitz couvrait le rassemblement du 1er régiment, le village occupé de Neu-Rognitz couvrait de même celui du 2e régiment. Ici le colonel E. renvoya à son corps la 7e compagnie du 3e régiment, tandis que le colonel D. retenait près de lui la 10e compagnie du 2e régiment. Cette divergence dans leur manière d'agir s'explique par la différence des situations dans lesquelles se trouvaient ces deux colonels.

A l'aile droite, il eût été inopportun de relever les parties de la 10e compagnie du 2e régiment, qui combattaient en 1re ligne; il était donc juste de réunir le reste de la compagnie à la partie combattante ; ce qui ne pouvait se faire qu'en le portant en avant jusqu'à la lisière de la forêt.

Le colonel E., au contraire, n'avait aucun motif pour retenir plus longtemps la compagnie du 3ᵉ régiment, qui se trouvait avec lui. Il savait que le bataillon, auquel elle appartenait, était dans le voisinage ; il devait donc l'y diriger sans retard.

A l'aile gauche de la division, on comprend sans peine que les compagnies du 4ᵉ régiment, déployées en tirailleurs contre la lisière de la forêt, suivent l'ennemi, dès qu'il a abandonné cette lisière ; il ne s'agit pour le lieutenant-colonel Z. que de savoir s'il portera aussi en avant à leur suite les soutiens du régiment. Or, lorsque des troupes sont dispersées et se trouvent en contact avec l'ennemi, il faut toujours se mettre en mesure de les appuyer ; on ne peut les laisser aller 1,000 ou 1,500 pas à l'aventure en avant. C'est là déjà une raison pour faire suivre en général les soutiens. Mais, dans le cas actuel, il est déjà nécessaire de les faire suivre, puisqu'il faut arriver à occuper les bois, et que, si l'on s'est arrêté jusqu'alors avant d'y pénétrer, ce n'était que pour un instant et par suite d'autres circonstances.

Quant à la direction à donner aux soutiens, il faut agir avec précaution ; il ne suffit pas de leur donner simplement l'ordre de suivre. Les bois à traverser ici ont 2,000 pas d'étendue sur près de

1,500 pas de profondeur; qu'on mène, par exemple, en temps de paix, une brigade déployée à travers des bois épais de pareilles dimensions, on la verra bientôt s'éparpiller et perdre toute cohésion, et il en résultera la nécessité de la reformer de l'autre côté de la forêt. A la guerre, on fera donc bien de diriger les diverses troupes de manière qu'elles ne perdent pas aussi facilement la direction: les chemins conviennent surtout à cet effet. Dans notre exemple cependant il n'y a pas de chemins allant du nord au sud pouvant servir; on pare à cet inconvénient, en dirigeant les soutiens de l'aile gauche le long du ruisseau qui descend de la vieille carrière, et ceux de l'aile droite le long de la lisière ouest des bois.

Mais alors il arrive que des détachements ennemis qui, à leur tour, ont perdu la direction, reparaissent tout à coup au bord nord de la forêt, en présence du régiment qui se tenait en réserve sur ce point.

C'est là un incident caractéristique pour tous les combats qui se livrent dans les bois, et cela se représentera toujours, car la vue ne peut pénétrer dans l'intérieur. Qu'on se rappelle seulement le bataillon autrichien qui, à la bataille de Sadowa, déboucha de la forêt de Masloved pour s'intercaler dans la position des Prussiens, au lieu de marcher sur celle des Autrichiens, et tomba ainsi dans les mains de l'escadron Humbert, du régiment de hussards de Magdebourg.

On ne saurait donc trop recommander, quand

4

on pénètre dans un bois, de ne pas y jeter, dès le début, toutes les troupes qu'on a sous la main, mais de garder au moins quelques compagnies en arrière de la lisière.

DISPOSITIONS PRESCRITES A LA DIVISION APRÈS LE COMBAT

De 5 h. du soir à la fin du jour.

Nous avons laissé le *lieutenant-général* A. sur la hauteur 635, au moment où il venait d'ordonner au colonel D. de chasser de Burkersdorf les troupes ennemies qui s'y montraient encore. La gauche des fractions de ce régiment, qui étaient déjà réunies, se mit aussitôt en mouvement et se dirigea vers la partie nord-ouest du village, en cherchant à l'envelopper.

Les batteries y lancèrent quelques obus, mais elles eurent cependant bientôt lieu de diriger de nouveau leur feu sur l'artillerie ennemie, dont deux batteries avaient repris position à côté de la chaussée, près du sommet 628.

Sur ces entrefaites, le général de division avait chargé un de ses aides de camp d'aller à la recherche du général commandant le corps d'armée et de l'informer :

« Que l'ennemi n'occupait plus que faiblement Burkersdorf et Staudenz, mais qu'il était en retraite sur tous les points et qu'il se dirigeait sur Deutsch-Prausnitz et Kaile ; qu'en conséquence la division bivouaquerait au sud de Neu-Rognitz à cheval sur la chaussée, et qu'elle placerait ses avant-postes, mais sans perdre l'ennemi de vue. »

Il donna ensuite la mission suivante au géné-ral-major B. : « Occupez Neu-Rognitz avec un bataillon, et réunissez la brigade ici à la place où se trouve déjà le 1er régiment. »

En ce moment, l'officier d'état-major revenait de la course qu'il avait faite à la division de la garde ; il fit le rapport suivant :

« J'ai rencontré l'avant-garde de la garde, soutenue par toutes ses batteries, occupée à tra-verser les bois au sud de Burkersdorf, où l'ennemi ne paraissait avoir que peu de monde. Je suis allé trouver le commandant de la division, qui a l'in-tention de ..... »

Ici son rapport fut interrompu par un officier d'ordonnance qui fit remarquer que le général commandant le corps d'armée débouchait juste-tement avec son état-major de Neu-Rognitz par la chaussée. Le lieutenant-général A. se porta aussitôt au galop vers lui, et lui fit le rapport qu'il avait chargé son aide de camp de transmet-tre, et que ce dernier lui avait déjà communiqué à Neu-Rognitz.

Après quelques mots d'éloge à l'adresse de la division pour sa conduite dans la journée, les deux généraux se rendirent sur la hauteur 635.

Ici la situation avait peu changé, si ce n'est que le bataillon de la 3e brigade avait pénétré dans Burkersdorf, après un combat insignifiant, et que les colonnes ennemies en retraite avaient pris pendant ce temps une grande avance. L'en-

nemi n'avait pas opposé plus de résistance à
Staudenz qu'à Burkersdorf, et l'on voyait nos
troupes sur le point d'occuper le village.

Le général en chef ayant demandé quelles
étaient les troupes qu'on apercevait à Staudenz,
le général de division répondit qu'elles appartenaient à la garde, d'où son officier d'état-major
venait de revenir. Celui-ci acheva son rapport
qui avait été interrompu, et dit que la garde
avait l'intention d'occuper encore Staudenz dans
la journée, mais sans aller plus loin. Il ajouta
qu'il avait été informé en même temps de l'arrivée de la 2e division de la garde à Eypel.

Le général en chef observa la retraite de l'ennemi, et crut s'apercevoir qu'il occupait Kaile et
Deutsch-Prausnitz avec une arrière-garde, mais
qu'il retirait le gros de ses forces dans les montagnes situées au sud du village. Une masse considérable de cavalerie seulement, qu'on estima à
environ quatre régiments, était encore en position au nord des villages, pour couvrir la retraite
de petits détachements, ainsi que celle des troupes
refoulées de Staudenz. Les deux artilleries oppo-
sées continuèrent encore lentement leur feu à
l'ouest de la chaussée à environ une demi-lieue de
distance ; comme il arrivait encore quelques obus
dans les rangs de l'infanterie de la 3e brigade,
qui se rassemblait derrière la hauteur 635, on
résolut de porter plus à l'ouest de Burkersdorf
les trois batteries qui se trouvaient là, afin de
forcer les deux batteries de l'adversaire à s'éloi-

gner. Mais, avant même que l'ordre en fût donné, les batteries de l'ennemi quittaient leur position, et disparaissaient derrière les ondulations du terrain.

Le général de division interrompit le général en chef dans ses observations, en le priant de vouloir bien autoriser les troupes à prendre maintenant leurs bivouacs.

Le général en chef l'accorda, en ajoutant :

« Si l'ennemi restait encore demain matin dans sa position, je ne pourrais poursuivre ma marche sur Arnau ; dans ce cas, je l'attaquerais, et je m'entendrais pour cela avec le corps de la garde. Si l'ennemi reçoit des renforts, et qu'il attaque lui-même, vous conserverez provisoirement votre position sur les hauteurs où nous sommes au nord de Burkersdorf; vous en recevrez, du reste, l'ordre par écrit. La 1re division d'infanterie bivouaquera à Hohenbruck. »

Le général en chef se porta ensuite aux bataillons de la 1re brigade, qui se trouvaient à proximité.

Le colonel D. revint de Burkersdorf, sur ces entrefaites, près du général de division et lui rendit compte :

« Qu'il occupait le village, qu'on n'y avait trouvé que des traînards en grand nombre, que les maisons étaient remplies de blessés ennemis, et que les bouquets de bois situés au sud, que l'ennemi avait occupés aussi au début, étaient maintenant évacués. »

Après l'avoir entendu, le lieutenant-général A. donna au colonel D. le commandement des avant-postes :

« Portez les deux autres bataillons de votre régiment à Burkersdorf; je mettrai provisoirement encore le régiment de hussards à votre disposition.

« Quand vous n'en aurez plus besoin, vous le renverrez à Sorge, à l'exception d'un escadron, qui restera avec vous.

« Vous occuperez Burkersdorf, ainsi que le grand bois qui se trouve à hauteur du village, à l'est de la route de Kaile, et de là vous pousserez vos avant-postes en avant. Vous vous relierez à gauche avec la garde, qui occupe Staudenz. A droite, vous occuperez les saillants des bois près du chemin de Burkersdorf à Ober-Altenbuch.

« Je porterai vers ce dernier village un détachement pour mieux couvrir notre flanc de ce côté.

« Quant à vous, vous vous établirez à Burkersdorf de votre personne, mais ne perdez pas le contact avec l'ennemi. Informez la brigade de la mission qui vous est donnée. »

Le colonel D., après avoir prévenu la brigade, dirigea alors le reste de son régiment sur Burkersdorf.

Le commandant de la division envoya de plus un aide de camp à la 4ᵉ brigade, pour lui donner l'ordre de rassembler le 4ᵉ régiment au sud de l'embranchement des deux chaussées, et de bivouaquer à l'est des deux routes, derrière la hauteur 603. Le 3ᵉ régiment devait, au contraire, rester à la place où il se trouvait en ce moment.

Le lieutenant-général A. prescrivit ensuite au régiment de hussards de se mettre à la disposition du colonel D. et de détacher 1 sous-officier et 8 cavaliers à la 3ᵉ brigade.

Sur ces entrefaites, tous les adjudants-majors des corps étaient successivement arrivés. On les adressa à l'officier d'état-major; le commandant de la division communiqua ses intentions à ce dernier et le chargea de préparer en conséquence l'ordre écrit et de se rendre à cet effet avec ces officiers à Neu-Rognitz.

Il se porta ensuite à la 3ᵉ brigade, où il retrouva le général en chef, qui lui demanda si tous les ordres étaient donnés. Il répondit qu'il ne l'avait pas encore fait, en ce qui concernait la 3ᵉ brigade; le général en chef lui répliqua : Que je ne vous dérange pas!

Le lieutenant-général A. dit ensuite au commandant de la brigade qu'il avait désigné le 1ᵉʳ régiment pour les avant-postes, et que le général devait bivouaquer avec la partie de sa brigade qui n'occupait pas Neu-Rognitz, et avec l'artillerie divisionnaire derrière la hauteur 635, dans le terrain à l'ouest de la chaussée, en s'étendant jusqu'à Neu-Rognitz.

« Vous porterez une compagnie jusque près d'Ober-Altenbuch, pour couvrir le flanc droit, et vous lui adjoindrez les 8 hussards, qui se présenteront à vous. »

Le général-major B., ayant demandé s'il ne devait pas employer à ce détachement la 6ᵉ compagnie du 3ᵉ régiment, qui était le plus à portée, on fut amené à remarquer la présence de cette compagnie à l'extrémité de l'aile droite. Le général de division prescrivit néanmoins de la renvoyer à son régiment, qui devait se trouver tout près, à l'est de Neu-Rognitz, et de prendre dans le 2ᵉ régiment le détachement à envoyer sur le flanc droit.

Le lieutenant-général A. demanda ensuite au général en chef l'autorisation de confier le commandement de la 4ᵉ brigade au *colonel E.* du 2ᵉ régiment, ce qui fut accordé, puisque cet officier supérieur était le plus ancien colonel du corps d'armée. On parla de la blessure du général-major C., ainsi que de la mort du colonel G.; on s'entretint longtemps sur ce sujet, ainsi que sur l'étendue des pertes et les péripéties de l'affaire, tout en continuant à observer la retraite des dernières troupes de l'ennemi sur Kaile. On se demanda avec intérêt combien de forces l'ennemi pouvait avoir engagées dans la journée et à quel corps d'armée elles appartenaient. L'attention à recueillir des données à ce sujet avait malheureusement été interrompue par suite de la longue absence de l'officier d'état-major; on se rappela cependant que, d'après l'ensemble des premiers renseignements, on avait constaté que la 9ᵉ brigade du 10ᵉ corps d'armée ennemi s'était trouvée sur les hauteurs de Trautenau; la vive résistance que l'adversaire avait opposée à Neu-Rognitz et à l'est du village, et la présence d'autres forces en face de la garde, faisaient supposer qu'il avait dû engager encore deux autres brigades; en admettant une 4ᵉ brigade en réserve, on pouvait ainsi conclure qu'on avait battu le 10ᵉ corps d'armée ennemi tout entier.

On ne connaissait pas encore le chiffre des pertes; on savait seulement qu'elles étaient assez considérables. On ne pouvait pas davantage estimer le nombre des prisonniers; quant aux autres trophées, on prétendait que deux canons avaient dû être pris par un bataillon du 1ᵉʳ régiment; on parlait aussi d'un drapeau, qu'aurait enlevé le 4ᵉ régiment. Mais, par le fait, personne jusqu'alors n'avait rien vu de ces canons, ni du drapeau; des bruits avaient simplement couru à ce sujet : on n'avait sous les yeux qu'un affût brisé et abandonné tout près du sommet 635 sur la pente sud.

Le général en chef prévint le général de division qu'il ferait, pendant la nuit, avancer un parc de munitions d'infanterie et un d'artillerie, ainsi que deux convois de vivres, et que ces parcs seraient disponibles le lendemain matin, à 6 h., au sud d'Hohenbruck. Le commandant du corps fit ensuite préparer le *télégramme* suivant pour le quartier-général de la 2ᵉ armée :

« Victoire de la 2ᵉ division d'infanterie sur le 10ᵉ corps d'armée ennemi, qui a été chassé de sa forte position de Neu-Rognitz et poursuivi jusqu'à Burkersdorf. Nombreux prisonniers. Nos pertes assez considérables. Cólonel G. tué, général C. blessé. — 1re division arrivée à Hohenbruck. Communication établie avec la 1re division de la garde à Staudenz. Quartier-général du corps aujourd'hui à Trautenau.

Quartier-général du 1er corps d'armée. »

Cette dépêche fut ensuite expédiée pour Liébau ; on s'était occupé de rétablir le télégraphe de ce point à Trautenau, pendant la marche de la 1re division d'infanterie ; cependant, cette opération pouvait ne pas être terminée.

Le commandant de la division informa alors le général en chef qu'il voulait établir son quartier-général à Neu-Rognitz et demanda à s'y rendre pour donner ses ordres. Le général en chef le congédia et visita les 3e et 4e régiments, qui se rendaient à leurs bivouacs ; de là il se dirigea sur Trautenau.

Arrivé à Neu-Rognitz, le lieutenant-général A. trouva son quartier-général déjà préparé dans une des principales maisons. Il régnait, du reste, un grand tohu-bohu dans le village. Il y avait des blessés dans presque toutes les maisons, et de tous côtés on en apportait de nouveaux. Des hommes appartenant à tous les corps circulaient çà et là ; quelques uns cherchaient aussi à faire des réquisitions pour leur compte, tandis que des détachements en ordre venaient chercher de l'eau pour les troupes campées aux environs. Les sapeurs du génie abattaient quelques pans de murs des maisons incendiées, qui menaçaient ruine, tandis que des soldats d'infanterie emportaient des poutres et des portes pour faire du feu. Sur la route, on trouvait des voitures d'ambulance qui avaient été envoyées par la 1re division; quelques unes s'étaient perdues au milieu des voitures de munitions d'infanterie et d'artillerie, parmi lesquelles on s'étonnait de trouver aussi des voitures de cantinières. Les musiques de trois régiments avaient trouvé bon de s'installer dans quelques unes des maisons où il y avait moins de blessés.

L'arrivée du commandant de la division mit rapidement fin à tout ce désordre. L'ambulance fut renvoyée avec ses voitures à l'est du village ; on fit venir le commandant du 2e bataillon du 2e régiment, qui se trouvait dans le village, et on le chargea de rétablir l'ordre rapidement. Tous les isolés durent être réunis à leurs troupes respectives, mais les hommes légèrement blessés, encore en état de marcher, furent renvoyés jusqu'à Hohenbruck. On prescrivit sévèrement de ne jamais laisser plus d'une file de voitures circuler sur la voie ; quant à celles qui auraient à s'arrêter dans le village, elles devaient aussitôt dégager la route.

Le lieutenant-général A. descendit ensuite de cheval et se fit soumettre l'ordre que son officier d'état-major avait préparé. Cet ordre était ainsi conçu :

« Quartier-général de la division à Neu-Rognitz,
le 27 juin 1866, 6 h. 30 m. du soir.

Le colonel D. prendra le service des avant-postes avec le 1ᵉʳ régiment et un escadron de hussards. Il les établira sur la ligne qui part de l'est du bois d'Ober-Altenbuch et passe par les bouquets de bois au sud de Burkersdorf, et les reliera à la division de la garde qui se trouve à Staudenz. Burkersdorf et le bois situé à l'est seront occupés jusqu'à nouvel ordre, pour parer à tout retour offensif de l'ennemi.

Neu-Rognitz restera occupé par le bataillon du 2ᵉ régiment et la compagnie du génie.

Le reste de la 3ᵉ brigade bivouaquera avec l'artillerie divisionnaire à l'ouest de la route et au nord de la hauteur de Burkersdorf (635) ; le général-major B. donnera les ordres de détails nécessaires à cet effet; une compagnie et huit cavaliers seront détachés vers Ober-Altenbuch pour couvrir le flanc droit.

La 4ᵉ brigade bivouaquera : le 4ᵉ régiment au nord des hauteurs, à l'embranchement des deux routes, le 3ᵉ régiment à l'est de Neu-Rognitz, sa droite au village.

Le régiment de hussards à Sorge.

De service de jour : Général-major B.

Les voitures régimentaires seront dirigées sur Neu-Rognitz.

Les corps iront à l'eau et se fourniront aux villages suivants : le 2e régiment à Ober-Altenbuch, les 1er et 4e à Burkersdorf, le 3e, ainsi que l'artillerie, à Neu-Rognitz.

Demain matin, à 4 heures, les troupes seront sous les armes sur leurs emplacements respectifs. Dans le cas d'une attaque de l'ennemi, le 2e régiment occupera la hauteur au nord de Burkersdorf, ainsi que Neu-Rognitz, le 4e régiment occupera les hauteurs au sud de l'embranchement des deux routes.

Les rapports sur les pertes et sur le besoin en munitions, ainsi que les relations de la journéé, devront être envoyés le plus tôt possible.

(Signé) A., lieutenant-général. »

Le commandant de la division approuva cet ordre et y fit seulement ajouter que les parcs destinés au remplacement des munitions et des vivres seraient prêts à faire les distributions nécessaires le lendemain, à 5 heures du matin, à Hohenbruck.

Cet ordre fut ensuite dicté aux adjudants-majors, qui rejoignirent aussitôt léurs corps respectifs.

Le commandant de la division employa, de son côté, l'heure suivante à se reposer et à manger un peu.

Toutes les dispositions nécessaires étaient ordonnées; on discuta encore sur ce qu'on pouvait avoir oublié, on s'entretint des événements de la journée; on fit diverses suppositions sur ce que pouvait faire l'ennemi le lendemain, sur le rôle qu'aurait à remplir la division, et on examina en même temps les moyens les plus convenables pour parer aux éventualités.

Il n'était pas encore 7 h. 30 m., que le général remontait à cheval et se rendait avec un aide de camp aux avant-postes. Nous l'y retrouverons plus tard, et nous l'accompagnerons à son retour au quartier-général.

Remarques sur les événements qui se passèrent à la division.

De 5 h. du soir à la fin du jour.

En n'envoyant qu'un bataillon pour chasser l'ennemi de Burkersdorf, le commandant de la division a pris une mesure motivée, sans doute, sur ce que l'ennemi était décidément en retraite, et, dans le cas présent, elle a été couronnée de succès. Néanmoins, il est bon de faire quelque chose de plus dans des situations de ce genre, et il convient de tenir, dès les premiers instants, les troupes les plus voisines prêtes à appuyer, même pour le cas d'une attaque partielle. On ne peut savoir d'avance avec certitude quelle sera la ténacité de la résistance, et on ne doit pas oublier que plus le combat se prolonge, plus le repos de l'ensemble des troupes est retardé.

Le lieutenant-général a bien fait de songer immédiatement à informer le général en chef de la retraite de l'ennemi, ainsi que des dispositions qu'il va prendre pour le moment. Sous la pression des événements, on oublie la plupart du temps de le faire, et au lieu de cela, on se met à réfléchir sur les ordres qu'on peut recevoir. On ne peut donc qu'instamment recommander, ainsi que nous l'avons déjà exprimé précédemment, au commandant supérieur de détacher toujours un officier avec quelques ordonnances près des corps de troupes engagés; le quartier-général du corps d'armée avait négligé de le faire ici.

On peut encore demander : pourquoi le général en chef, depuis son arrivée sur le champ de bataille, ne s'est-il pas tenu à proximité du général de division?

Nous ne pouvons dire qu'une chose, c'est qu'il a eu raison de ne pas le faire.

Les premiers ordres nécessaires ont été donnés à la division, sur la hauteur de Trautenau. Si le général en chef voulait se porter au feu avec elle et rester toujours à côté du commandant de la division, il pouvait facilement être entraîné à se mêler aux détails de ses dispositions, et finir par prendre la place du lieutenant-général A. Il perdait ainsi forcément de vue l'ensemble de la situation; or, un commandant de corps d'armée a bien d'autres choses à embrasser que le commandant d'une division ; ce dernier a été mis en fonctions par le chef de l'armée, parce qu'il lui inspirait confiance, et dans la persuasion qu'il remplira toutes les obligations du commandement qui lui est dévolu. Deux personnes différentes, voyant souvent la même chose d'une manière différente, parviendront cependant au but cherché; mais, avant tout, il faut autant que possible rester conséquent avec l'idée qu'on a une fois embrassée, et rien n'est plus fâcheux que de voir deux personnes, partant de points de vue différents, prendre le commandement du même corps de troupes. Le commandant de la division est responsable des ordres qui lui sont donnés, le général commandant le corps d'armée n'a qu'à en surveiller l'exécution. Mais s'il est d'une nature à se laisser entraîner à se charger lui-même de l'exécution et à ne pouvoir résister à cet entraînement, il vaudrait mieux lui avoir laissé son ancienne division, et ne pas en avoir fait un commandant de corps en campagne. A la guerre, il doit précisément être commandant de corps, et non commandant de division.

Pour éviter les conflits qui pourraient survenir, il arrive donc que sur le champ de bataille, les divers états-majors prennent la plupart du temps des positions séparées l'une de l'autre.

Dans la description que nous avons faite, nous

avons mis en relief un autre inconvénient, qu'on ne peut, hélas! éviter complètement. Dès que le combat touche à sa fin, il est bon que le commandant de corps se mette de sa personne en communication avec le commandant de la division qui se trouve en première ligne. C'est là seulement qu'il pourra s'éclairer complètement sur la situation, se rendre compte de la position et des mouvements de l'ennemi, et se faire une idée suffisante du terrain. Mais alors il en résulte une grande perte de temps, et l'expérience nous montre qu'on s'entretient ainsi d'un grand nombre de choses qui peuvent bien offrir un certain intérêt, mais qui ne sont nullement en harmonie avec ce qui presse le plus pour le moment. Les conséquences en sont faciles à saisir. Les troupes voient le combat terminé, chacun sent le besoin de se reposer après les grands efforts qu'on a déployés et les dangers qu'on a courus. Mais les bivouacs ne s'établissent pas, parce que les emplacements ne sont pas indiqués; les corps ne savent pas, par conséquent, où ils doivent rester, ils ignorent s'ils ne seront peut-être pas destinés aux avant-postes; certains s'impatientent, et si l'un d'eux se résout à bivouaquer là où il se trouve, espérant qu'on l'y laissera, il court le risque de s'entendre crier, au moment où tous les préparatifs sont terminés : Non, non, vous ne pouvez rester ici!

Il faut donc prescrire comme règle, en toutes circonstances, que le premier soin à avoir, quand le combat est terminé et qu'on a pris les mesures

5

nécessaires pour parer à tout retour offensif de l'ennemi, c'est de procurer aux troupes *la sécurité et le repos*. Les forces sont généralement à bout, et l'on ne saurait prendre trop de précautions pour les ménager.

Dans notre exemple, l'arrivée du général en chef à 5 h. 10 m. dérange assez ces dispositions, pour qu'elles ne soient terminées qu'à 5 h. 40 m., c'est à dire, une demi-heure plus tard que cela ne devait être. Mais, quand on est sur ses jambes depuis plus de douze heures, par une chaleur accablante, après un combat long et acharné, toute minute de retard inutile pèse sur les épaules comme du plomb.

Nous avons vu le commandant du corps adresser quelques mots d'éloges au général de division et à ses troupes. S'il est bon pour tout chef de ne jamais omettre de le faire dans de pareils cas, il faut se garder aussi de donner des éloges exagérés. Si une troupe a fait tous ses efforts, au prix de sanglants sacrifices, pour contribuer à la victoire, et que son général passe à côté sans avoir un mot pour elle, il en résulte souvent une amère impression. Les hommes n'aiment pas à être traités avec autant d'indifférence que les pions aux échecs, qu'on rejette dans leur boîte, quand la partie est finie. Il est vrai que chacun n'a fait que son devoir, mais on peut le faire plus ou moins bien, et de même qu'on blâme quand on l'a mal fait, on doit aussi reconnaître le devoir bien accompli, quand il a été acheté au péril de la vie.

Mais, sous l'impression du moment, qu'on se garde de prodiguer les éloges d'une manière exagérée. L'autorité supérieure n'a pas été présente partout pendant le combat; elle n'en connaît certainement pas les détails et elle s'expose facilement à attribuer à quelqu'un un mérite auquel il n'a aucun droit. Il est bon d'être sobre sur ce point, et le meilleur éloge à décerner est celui-ci : « Vous avez noblement fait votre devoir ! »

Les premières dispositions à prendre se rapportent aux mesures de sûreté et à l'indication des emplacements de bivouacs.

En ce qui concerne les mesures de sûreté, elles ont été confiées au colonel D., qui dispose de son régiment et des hussards. Ces troupes jouent le rôle d'avant-garde pour la division et le corps d'armée.

On a choisi ici les troupes les plus avancées du côté de l'ennemi, car ce sont celles qui ont encore le plus de contact avec lui, et qui sont le plus en mesure de pourvoir le plus rapidement aux mesures de sûreté. Mais il faut dire aussi que les derniers moments du combat leur avaient permis de se remettre suffisamment en ordre. On devra veiller toujours à ce que ces trois conditions soient remplies : contact avec l'ennemi, rapide installation du service de sûreté, et pour cela, des troupes en ordre; mais la plupart du temps, ce sont les troupes avancées qui ont le plus souffert, et qui sont le moins en ordre; il faut alors en prendre d'autres en arrière.

Pour conserver le contact avec l'ennemi, on
doit se servir de la cavalerie. Mais l'adversaire,
de son côté, fera tout pour s'en éloigner et, à cet
effet, il y emploiera sa cavalerie. Il résulte de là
que le 1er corps d'armée doit maintenant porter
en avant tout ce qu'il possède de cette arme, pour
refouler les escadrons ennemis, et déchirer le
rideau qui voile la position de l'adversaire. On
ne peut plus rien attendre du régiment de hussards de la 2e division d'infanterie, qui a été
épuisé et décimé par le combat, mais on aurait
pu se servir de la 1re brigade de cavalerie, qui
était encore intacte. On ne le fit pas, et cela doit
être regardé comme une faute de la part du commandement.

Dans le cas présent, la division est couverte
par une avant-garde. Mais on pouvait aussi le
faire autrement. Si l'on n'envisageait que la
proximité de l'ennemi, ainsi que la situation dans
laquelle se trouvent nos troupes avancées, déjà
rendues dans la position qu'elles doivent prendre
en cas d'attaque, chaque brigade, pour son compte,
pourrait se couvrir immédiatement sur son front
par des avant-postes.

On doit agir ainsi, quand le combat finit à la
tombée de la nuit, et que les deux partis restent
en présence à proximité l'un de l'autre, soit que
l'on n'ait plus la force de refouler l'adversaire,
soit pour tout autre motif. Alors on n'a certainement pas la place pour jeter une avant-garde en
avant, en la faisant précéder par différentes frac-

tions qu'on tire de son sein. On se contentera donc de porter en avant à peu de distance, quelques compagnies ou bataillons, qui se couvriront par des pelotons de tirailleurs et se relieront étroitement avec les troupes voisines par des patrouilles permanentes.

Mais plus on est rapproché de l'ennemi, plus on doit même s'éloigner de cette méthode pour se couvrir, et alors il n'y a pas autre chose à faire qu'à laisser reposer les troupes dans la position qu'elles prennent, les armes à la main, et de déployer leurs pelotons de tirailleurs sur le front. On sera souvent amené à procéder ainsi, principalement le soir d'une bataille, sur les points où le combat sera resté indécis.

Mais on ne prendra des mesures de ce genre que si l'on y est contraint par une nécessité absolue, car il est clair que plus la chaîne de sûreté se trouve rapprochée des troupes qui reposent, plus celles-ci seront exposées à être dérangées, et plus elles seront en danger. On fera donc bien, chaque fois que cela sera possible, comme dans le cas actuel, de former une avant-garde ou des détachements d'avant-postes, qu'on portera plus en avant. Ces derniers doivent être assez forts pour repousser l'attaque de petits corps ennemis, ou arrêter la marche de grosses masses assez de temps, pour permettre au gros des forces de prendre ses dispositions de combat.

Quant à la manière dont se placera l'avant-garde, le commandant de la division n'a pas à

en prescrire les détails. L'avant-garde a son chef
pour s'en acquitter. Seulement, il faut lui préciser les points à occuper, ainsi que la ligne ap-
proximative sur laquelle elle doit s'établir, signa-
ler quels seront les points d'appui des ailes et
indiquer les corps voisins avec lesquels il faut se
relier. Tout cela est indiqué dans l'instruction
que le lieutenant-général A, donne au colonel D.
Dans cette instruction, on pourrait regretter qu'on
ait omis de dire où l'avant-garde doit se retirer
dans le cas où l'ennemi attaquerait avec des forces
supérieures. Une pareille indication sera nécessaire dans quelques cas, mais ici on peut s'en
dispenser. Burkersdorf et le bois à l'est du village offrent des points d'appui si forts à l'avant-
garde, qu'elle pourra s'y maintenir à l'approche
de l'ennemi, et le forcer à se déployer, et l'on a
le droit d'y compter, puisque la position principale se trouve tout près en arrière et qu'on peut
ainsi soutenir ces points avec des forces suffisantes. D'un autre côté, si le général de division
a l'intention de retirer le détachement, il sera
toujours suffisamment en mesure pour le prescrire
à temps. La retraite devrait alors s'opérer le long
de la chaussée sur le centre de la position, à l'exception des quelques troupes qui pourraient se
trouver détachées sur les ailes. Ce serait bien, il
est vrai, se mettre en désaccord avec les exigences
de la théorie, qui prescrit de faire retirer de pareils détachements sur les ailes de la position,
mais la théorie exige ici quelque chose qu'on ne

peut pas toujours exécuter dans la pratique.
Qu'on se figure, par exemple, une marche de
flanc de ce genre dans le cas actuel, dès que
l'ennemi se déploie! Elle est précisément inexécu-
table.

Mais ce serait une faute de vouloir assigner
une place dans la première ligne au détachement revenant en arrière. On ne sait nullement
d'avance dans quel état il y arrivera, du moment
qu'il aura été engagé avec l'ennemi ; on ne peut
pas avec plus de raison le diriger dans la position
même. On fera donc bien, en général, de placer
ces troupes en réserve ; là elles trouveront le
temps de se rallier complètement. Dans l'exemple
actuel, la retraite est complètement assurée par
la première ligne, qui occupe les hauteurs à
l'ouest de la chaussée.

Il est évident que la division ne doit pas se
contenter seulement de couvrir son front, mais
qu'elle doit aussi veiller à suffisamment assurer
ses flancs. A cet égard, il est inutile de garder mi-
nutieusement tout le terrain sur les ailes, il suffit
d'en occuper les points principaux. Dans le cas
actuel, on y pourvoit à droite, en envoyant une
compagnie vers Ober-Altenbuch, tandis que la
présence de la garde suffit pour couvrir le flanc
gauche. Quant à se couvrir dans la direction de
la grande route d'Arnau, le soin en incombe aux
troupes de la 1re division d'infanterie, qui cam-
pent à proximité.

Il faut ensuite assigner aux troupes leurs emplacements de bivouac; c'est l'affaire du commandant de la division; on fera bien, à cet égard, de se régler sur les projets qu'on peut avoir à exécuter le lendemain. Pour le moment, on ne peut pas encore prévoir si l'on marchera en avant pour renouveler l'attaque, ou s'il sera possible, en se portant à droite pour gagner la route d'Arnau, de reprendre la mission assignée primitivement au corps d'armée. Néanmoins, jusqu'à ce qu'on soit éclairé sur la situation, il est toujours plus prudent de se mettre en mesure de parer avec avantage à une attaque de l'ennemi. Dans la distribution des emplacements de bivouac à faire ici, il fallait non seulement chercher à remplir cette dernière condition, mais encore ne pas perdre de vue les deux éventualités précédentes. Si, le lendemain, on doit se porter en avant, le colonel D. prendra l'avant-garde, qui pourra d'abord être soutenue par le 2e régiment de la même brigade. Si l'on veut, au contraire, marcher vers l'ouest, le régiment du colonel D. flanquera la marche à gauche, et l'avant-garde sera formée par l'autre régiment de la 3e brigade, qui se tiendra prêt à marcher dans la nouvelle direction, tandis que le gros se composera de toute la 4e brigade.

Pour le cas d'une attaque de l'ennemi, on a l'intention d'occuper d'abord la ligne des hauteurs au nord de Burkersdorf, et dans ce but on fait camper les troupes de telle sorte, que la défense des hauteurs à l'ouest de la chaussée revient au 2e régiment, celle de la chaussée et de la

crête 588 située à l'est au 4ᵉ régiment. Par suite
de ces dispositions, on pourrait s'étonner de voir
la première ligne de défense composée de régiments de deux brigades différentes, lorsqu'on ne
cesse de recommander l'unité de direction dans
le combat.

Nous n'avons jusqu'ici, dans ces études, envi-
sagé que l'offensive ; qu'il nous soit donc permis
de saisir l'occasion de consacrer au moins quelques mots à la défensive. Nous avons déjà dit que
pour pouvoir diriger un combat et faire donner
au moment opportun les troupes appartenant à
un même corps, il faut non pas les étendre en
largeur, mais les ranger en profondeur. Les troupes qui combattent en première ligne doivent être
soutenues de près par des troupes appartenant à
la même unité, sinon on ne peut plus faire concourir toutes les forces vers un même but. On
comprend facilement, en effet, que les troupes de
première ligne sont affaiblies même dans la défensive par les pertes et la fatigue qui résultent
d'un combat acharné ; il est donc évident qu'elles
ne tardent pas à avoir besoin d'être directement
soutenues ; il est évident aussi que les troupes qui
sont à côté d'elles, quand la ligne est étendue,
sont dans la même situation. On ne peut donc
que recommander de ne jamais assigner à une
troupe chargée de défendre une position, une
étendue telle qu'elle soit obligée de se déployer
toute entière pour l'occuper ; il vaut mieux, comme
nous l'avons montré ici, dans une division, par

exemple, affecter d'abord à chaque brigade une partie de la première ligne, et garder en réserve à la disposition du commandant de la division les bataillons qui ne sont pas nécessaires dans les premiers moments. Le général de division enverra ensuite à chaque brigade, suivant le besoin et pendant le combat, les bataillons qui lui appartiennent, et ce n'est que lorsque ces derniers auront déjà été épuisés, qu'il la renforcera avec les bataillons restants de l'autre brigade.

Chaque fois que nous avons perdu de vue ce principe dans la campagne de 1870, il n'était plus possible de diriger le combat, et les conséquences fâcheuses qui en sont résultées se sont révélées dans chaque cas particulier.

Dans la défense de la position au nord de Burkersdorf, les forces de la 2ᵉ division d'infanterie, renforcées par une partie de l'artillerie de corps suffisent pour garder contre toute attaque de front les hauteurs qui s'étendent du sommet 635 situé à l'ouest de la chaussée jusqu'à la vieille carrière (591). Le 2ᵉ régiment suffit pour garder la hauteur 635, et le 4ᵉ régiment pour s'assurer la possession des deux chaussées.

Derrière l'aile gauche, il faudrait néanmoins déjà laisser à la disposition de son commandant de brigade le 3ᵉ régiment tout entier, pour occuper la hauteur 577 et la vieille carrière, pour le cas où la garde serait obligée d'abandonner Staudenz. Le 1ᵉʳ régiment, lorsqu'il aura dû céder Burkersdorf, se retirera le long de la chaussée jusqu'au sud de Neu-Rognitz, où il viendra se concentrer pour former la réserve du commandant de la division.

L'artillerie divisionnaire pourrait trouver position sur la hauteur 635, tandis que la moitié de l'artillerie de corps irait renforcer l'aile gauche. Le régiment de hussards aurait sa place derrière l'aile droite, d'où il enverrait aussitôt ses patrouilles couvrir le flanc droit.

On voit par ces considérations que nous sommes d'avis qu'une division suffit pour assurer contre toute attaque de front une étendue d'environ 3,000 pas, pour peu que la nature du terrain dans cette étendue soit favorable à la défense, tandis que dans l'offensive, nous ne la croyons pas capable de tenter une attaque opiniâtre sur plus de 2,000 pas de front. Il est inutile d'ajouter que ces nombres ne peuvent que donner des points de repère généraux.

Si l'on voulait embrasser dans cette digression l'ensemble du corps d'armée, ou pourrait se figurer la 1ʳᵉ division d'infanterie concentrée à Sorge au commencement du combat avec le reste de l'artillerie de corps et la brigade de cavalerie. Là elle serait en mesure de prolonger la gauche de la ligne de bataille par une brigade, s'il était nécessaire, ou de prendre l'offensive avec toutes ses forces contre le flanc gauche de l'ennemi, principalement dans la direction de la route de Königinhof, si importante pour lui.

Reportons-nous maintenant aux emplacements·

de bivouacs. On pourrait s'étonner de voir encore donner un ordre écrit à Neu-Rognitz à ce sujet, après les indications verbales qui avaient déjà été fournies sur place. Il est cependant convenable de le faire. D'abord, il est nécessaire que les commandants de troupes ne se contentent pas, une fois le combat terminé, d'attendre les ordres, mais qu'ils fassent aussi tout de leur côté pour connaître, aussi vite que possible, les intentions de leur chef. De là la nécessité pour les adjudants-majors et aides de camp de toutes armes, et pour un officier de la compagnie du génie de se rendre à l'état-major divisionnaire. Ces officiers seront par là en mesure de donner au commandant de la division, qui de son point d'observation n'a pu voir tous les détails, des renseignements plus complets sur la position actuelle de leurs troupes et sur ce qu'ils ont pu remarquer en dernier lieu chez l'ennemi. Là ils reçoivent les premiers ordres nécessaires, si on ne les a déjà pas envoyés dans l'intervalle par les aides de camp ou ordonnances de la division. D'un autre côté, il est clair que ces ordres donnés précipitamment de vive voix ne prescrivent que ce qui est indispensable pour le moment, et il peut arriver facilement qu'il se produise des erreurs dans la manière de les saisir. Du reste, les corps ne seront informés que de ce qui les concerne spécialement par les adjudants-majors ou les ordonnances envoyés par la division aux divers corps. Il convient donc de grouper par écrit ces ordres isolés, aussitôt qu'on a un moment de répit. Alors on évite les erreurs qui auraient pu se produire, on donne à chaque corps un aperçu nécessaire sur l'ensemble de la situation, on facilite d'une manière notable la réorganisation des troupes, et chaque corps peut diriger alors sur leur destination respective les hommes d'autres corps qui l'ont suivi dans le cours du combat. Au reste, il y a encore avec le temps d'autres points à toucher, tels que la distribution des vivres, le complètement des munitions, à l'égard desquels on ne peut prendre aucune mesure aussitôt après le combat, mais bien une heure plus tard, quand on connaît les besoins et qu'on a reçu les rapports sur les dispositions prises par les intendants, etc., dans l'intervalle.

On pourvoit au remplacement des officiers supérieurs qui ont succombé, *après* le combat. Qu'il faille agir ainsi ou qu'il soit préférable de le faire *dans le cours même* du combat, cela dépend des circonstances. En général, il vaut mieux laisser à son poste le chef d'une troupe engagée, à moins qu'il ne doive remplacer son supérieur immédiat. Si le général-major B. avait été mis hors de combat, le colonel E. aurait dû prendre aussitôt, cela va sans dire, le commandement de la 3e brigade d'infanterie.

Le télégramme que l'on envoie après le combat a d'abord pour but de fournir au grand quartier-général les renseignements nécessaires sur ce qui s'est passé, du moment qu'on ne peut le

faire que par le télégraphe, et ensuite de porter
ces événements à la connaissance de la mère-
patrie. On a toujours reconnu dans notre armée
à ceux qui sont dans leurs foyers le droit d'être
rapidement informés des événements. Quand le
sort du pays est en jeu, que toute la nation a fait
de grands sacrifices, que chaque famille compte
un de ses membres à l'armée, c'est un devoir
pour l'autorité supérieure de faire arriver les nouvelles à la mère-patrie avec l'exactitude et la rapi-
dité que permettent les circonstances. Et si les circonstances ne permettent pas de dire *tout*, ce qu'on
dit doit être *empreint du cachet de la vérité.* Cette
dernière condition paraît évidente, et cependant
l'expérience a montré que l'on n'agit pas ainsi dans
toutes les armées, et l'histoire nous offre des
exemples nombreux de télégrammes officiels où
la vérité a été altérée, les choses exagérées, où le
mensonge enfin a remplacé la vérité. Une telle
manière d'agir ne mérite que le mépris ; l'effet
qu'on croit produire ne peut durer, car la vérité
finira bientôt par se faire jour et l'on n'en sera que
plus abattu.

Que doivent contenir les télégrammes destinés
à la publicité, et qui est en général autorisé à
les envoyer? C'est ce que nous allons examiner.

Quant au contenu des dépêches, la curiosité
du public dépasse souvent les bornes, et on ne
doit pas se laisser émouvoir dans les états-majors
par l'impatience qui se manifeste dans les jour-
naux. Il est évident que les compatriotes aime-

raient à avoir le plus de nouvelles possible, qu'on
en attend chaque jour du théâtre de la guerre, et
qu'on s'impatiente, si elles tardent à arriver.
Mais chaque jour n'amène pas de nouveaux événements, on ne reçoit même pas tous les jours
des nouvelles des armées détachées, pour peu que
le théâtre de la guerre ait pris de grandes dimensions en pays ennemi, surtout si, comme cela
arrive souvent, les communications sont inter-
rompues ou difficiles. Le commandant en chef
ne peut faire de rapport que sur ce qui se passe
là où il se trouve, et si rien n'est arrivé, il ne
peut, avec la meilleure volonté du monde, an-
noncer quelque chose à la mère-patrie. S'il veut
alors céder à l'inquiétude qui se manifeste sur le
sol natal, il ne lui resterait pas autre chose à dire
que : « Rien de nouveau. »

On ne saurait, du reste, être trop prudent, en
ce qui concerne le contenu des dépêches.

Ces nouvelles, en effet, qui sont connues aujourd'hui dans votre capitale, arrivent le même
jour aux capitales des États neutres, et de là elles
parviennent aussi à la connaissance du camp
ennemi. Un télégramme de ce genre ne doit donc
rien contenir, que l'ennemi ne sache déjà par
une autre voie, ou dont il puisse tirer quelque
avantage. La date avec l'indication du lieu où
se trouve le quartier-général est déjà dangereux
dans beaucoup de cas, car l'ennemi peut facilement tirer des conclusions importantes de la position de ce quartier-général. Lorsqu'en 1866,

au commencement de la guerre, on ignorait si la principale armée autrichienne était encore à Olmutz, ou si elle s'était déjà portée vers la Bohême, on aurait donné beaucoup, au grand quartier-général de notre 11e armée, pour connaître la position du quartier-général de Benedeck.

Il ne faut pas davantage indiquer la position exacte des différents corps d'armée ; l'ennemi ne pourrait que vous en être reconnaissant. Il est évident que l'on ne doit pas non plus publier ses projets; ce serait se trahir soi-même. On doit enfin soigneusement éviter de donner des chiffres sur les pertes, le nombre des prisonniers, car on ne peut nullement le dire avec certitude immédiatement après le combat; il convient de n'employer d'abord que des expressions générales comme : grandes pertes, pertes très considérables.

Il faut être prudent en ce qui concerne l'indication des trophées; le commandement ne doit s'en rapporter qu'aux rapports officiels ou s'assurer par lui-même de leur nombre; sinon, il survient des erreurs, qui, plus tard, ne peuvent que mettre en doute la sincérité du télégramme.

En principe, les commandants d'armée seuls ou ceux de corps indépendants devraient être autorisés à envoyer des nouvelles télégraphiques; c'est le seul moyen d'empêcher des nouvelles dangereuses d'arriver à la publicité.

Il en est tout autrement des avis à communi-

quer au commandement supérieur par les différentes armées ou les corps d'armée. Après avoir
fait connaître les événements, ces avis doivent
indiquer la position exacte que les troupes occupaient en dernier lieu, ainsi que les renseignements qu'on possède sur l'ennemi et les projets que
l'on a formés pour le lendemain. Comme ce sont
là des renseignements que des tiers doivent igno-
rer, il faut toujours chiffrer ces dépêches. Un
état-major ne doit donc pas oublier d'emporter
avec soi la clef du chiffre, quand il accompagne
tout entier le général dans ses courses. Cela sera
surtout nécessaire pour les télégrammes qu'on
peut recevoir, car ils prescrivent généralement
des mesures à prendre immédiatement, et on n'arrivera peut-être à les déchiffrer qu'après une demi-
journée, comme dans le cas actuel, si on laisse ce
qui est nécessaire au bureau du quartier-général
du corps à Liébau.

LES DIVERSES FRACTIONS DE LA DIVISION.

De 5 h. du soir à la fin du jour.

1. — L'AVANT-GARDE (voyez le plan).

Comme nous le savons, le 1er bataillon du
1er régiment s'était porté ver 5 h. sur Burkersdorf, et s'en était emparé sans grande résistance.

Le régiment de hussards n'avait pas tardé à
le suivre. Le 4e escadron avait été dirigé à l'ouest

6

pour tourner le village et avait réussi à faire prisonniers une soixantaine d'hommes, qui se reti-
raient par la grande route. Il subit toutefois quelques pertes, parce qu'il tomba sous le feu d'une
infanterie embusquée dans les bouquets de bois
qui se trouvent au sud de Burkersdorf, et il fut
obligé de rejoindre son régiment, qui s'était abrité
au nord du village. Ce ne fut qu'après l'évacuation de ces bois par l'adversaire que la cavalerie
put s'avancer jusqu'au sud du village, mais là
elle se trouva exposée au feu de deux batteries
ennemies, qui étaient en position à environ
1,500 pas de Deutsch-Prausnitz, et en présence de
quatre régiments de cavalerie ennemie, rangés
dans la plaine, de sorte qu'elle se vit forcé de
chercher un abri derrière les bois. Le 4ᵉ escadron
se porta sur la droite jusqu'au bois voisin de la
route de Koniginhof, et le reste du régiment se
plaça derrière le petit bois qui couronne la crête
540. De là quelques pelotons furent détachés en
avant; l'un se porta à l'ouest de la route de Koniginhof, un autre suivit le chemin de Burkersdorf à Deutsch-Prausnitz jusqu'à la crête la plus
rapprochée, et un troisième longea la route de
Neu-Rognitz à Kaile jusqu'au grand bois allongé
qui se trouve à l'est. Quelques officiers, suivis
chacun de deux ou trois cavaliers choisis, se por-
tèrent encore au delà des flanqueurs de ces pelotons. Sans aller se jeter dans le nez de la cavalerie
ennemie, ces officiers purent constater cependant
qu'elle se composait d'un régiment de uhlans,

d'un de dragons et de deux régiments de cuirassiers. A la gauche, on se mit directement en
communication avec les hussards de la division
de la garde, et on apprit par eux qu'il y avait
encore de l'infanterie à Kaile, et qu'au sud-est
du village il y avait quelques bataillons, un escadron et une batterie qui paraissaient sur le point
d'établir des avant-postes vers la route de Kaile à
Ober-Raatsch.

Pendant ce temps, un des officiers détachés put
des hauteurs de Soor, où il s'était porté sur la
droite, distinguer assez exactement la position de
l'adversaire de ce côté. A son retour, à 6 h. 30 m.,
il donnait avis qu'une arrière-garde d'environ
trois bataillons et une batterie occupait les hauteurs des moulins à vent, à cheval sur la route
de Koniginhof (603,609), et qu'elle avait détaché environ un bataillon vers Ober-Soor; il
indiquait de plus que ces troupes semblaient
prendre leurs dispositions pour bivouaquer. On
n'avait pas aperçu d'autres troupes en arrière, et
on n'avait vu aucune colonne en marche sur la
chaussée.

Aussitôt après, on fut informé par les officiers
qui se trouvaient sur d'autres points, que la cavalerie ennemie se retirait à son tour par la route
de Kaile à Chwalkowitz; l'un d'eux cependant,
qui s'était avancé assez loin par le chemin de
Burkersdorf à Deutsch-Prausnitz, avait reçu des
coups de fusil de ce dernier village.

Le détachement du colonel D. avait pris position, sur ces entrefaites, et établi ses avant-postes sous la protection de la cavalerie. A la suite de ses propres observations et des renseignements qu'il avait reçus, le colonel se croyait maintenant suffisamment renseigné sur l'ennemi : jusqu'à ce que la nuit fut close, l'ennemi pouvait tout au plus modifier encore l'emplacement de quelques pelotons, et il suffirait de quelques cavaliers pour les reconnaître.

Il se crut donc autorisé à renvoyer à Sorge le régiment de hussards, qui avait mis pied à terre près de trois quarts d'heure, et avait fait boire ses chevaux par détachement à Burkersdorf. Le 4ᵉ escadron seul resta à l'avant-garde, ainsi qu'on l'avait prescrit; toutefois, les officiers qui se trouvaient encore en avant durent continuer leurs observations et ne revenir que quand ils ne pourraient plus rien voir. On envoya une nouvelle patrouille en observation à l'ouest de la chaussée de Koniginhof.

Reportons-nous à l'infanterie de l'avant-garde et suivons ses opérations pendant tout ce temps. Le colonel D., après avoir prescrit à 5 h. 30 m., aux deux autres bataillons de son régiment de rejoindre le 1ᵉʳ, était rapidement retourné à Burkersdorf. Là, le 1ᵉʳ bataillon avait occupé les issues sud et ouest du village, 150 hommes environ se tenaient en réserve massés à l'entrée nord, tandis que le reste du bataillon fouillait les maisons.

En jetant les yeux sur le terrain, on voyait

que Burkersdorf était situé dans un fond, presque complètement fermé par un cercle de hauteurs. Il était indispensable d'occuper le village pour servir de point d'appui à la route, mais il fallait évidemment aussi porter les avant-postes assez loin sur les hauteurs qui l'entourent, afin de se procurer un horizon suffisant.

L'ennemi venait justement d'évacuer aussi les bois en avant, le régiment de hussards s'était porté au trot jusqu'à ces bois, et avait poussé en avant quelques pelotons pour couvrir l'infanterie contre une surprise. Il ne restait donc plus qu'à occuper les points les plus importants sous la protection de l'artillerie. Le colonel D. réunit ses trois chefs de bataillon à la sortie sud de Burkersdorf, et leur donna les ordres suivants :

« Le 3e bataillon bivouaquera au sud et contre Burkersdorf, à l'ouest de la grande route ; de là, il portera une compagnie en avant près de la chaussée, et une autre au chemin de Deutsch-Prausnitz, de manière à occuper fortement la crête située en avant (602, 592, 540). Il placera ses avant-postes sur cette crête. Il fera occuper également l'angle du bois au point où le chemin d'Ober-Altenbuch entre dans le bois. Plus en arrière, du côté d'Ober-Altenbuch, le flanc droit sera couvert par un détachement particulier fourni par le 2e régiment.

Le 2e bataillon se portera près du bois à l'est de la route de Kaile ; il devra garder ce bois et placera ses avant-postes sur les hauteurs, en se reliant avec le 3ᵉ bataillon ainsi qu'avec la garde qui se trouve à gauche.

Le 1ᵉʳ bataillon se rassemblera; il évacuera Burkersdorf et bivouaquera au nord et contre le village. Les prisonniers devront être immédiatement envoyés à Neu-Rognitz.

Les deux bataillons avancés recevront chacun 1 sous-officier et 8 hussards. »

Les commandants des bataillons se rendirent aussitôt à leurs postes, pour exécuter ces ordres. Le colonel D. se porta de sa personne sur la hauteur à l'est du bois 540, où se trouvait le commandant du régiment de hussards. Il mit pied à terre et se remit à observer l'ennemi, pendant que les différents postes prenaient leurs emplacements.

A 6 h. 30 m., après avoir reçu les rapports des patrouilles de hussards, le colonel renvoya les trois escadrons du régiment, qui devaient bivouaquer à Sorge, et fit établir par son adjudant-major le rapport suivant pour le commandant de la division :

Avant-garde de la 2ᶜ division d'infanterie.

Hauteur au sud de Burkersdorf,
le 27 juin 1866, à 6 1/2 h. du soir.

« Une arrière-garde ennemie de 3 bataillons et 1 batterie occupe les hauteurs des moulins à vent, près de la chaussée de Koniginhof, ainsi qu'Ober-Soor, et paraît vouloir établir son bivouac au sud du village.

D'après les renseignements que la garde nous a fait parvenir, une deuxième arrière-garde de plusieurs bataillons, 1 escadron et 1 batterie se trouve au sud-est de Kaile, près de la route de Chwalkowitz; il y a encore de l'infanterie à Kaile et à Deutsch-Prausnitz; la cavalerie, composée de 2 régiments de cuirassiers, 1 de uhlans et 1 de dragons, ainsi que 2 batteries, s'est mise en marche par Kaile, il y a une demi-heure.

Comme on n'a vu aucune colonne ennemie se retirer par la route de Koniginhof, il est à croire que l'ennemi, couvert par ces arrières-gardes établies sur les deux routes et par le ravin de Deutsch-Prausnitz, a pris position sur les hauteurs situées au sud du village et qu'il y bivouaquera.

La ligne de nos avant-postes s'étend sur les hauteurs au sud de Burkersdorf, sa droite appuyée à la forêt d'Altenbuch, sa gauche se reliant avec la garde. Le gros bivouaque au nord et contre Burkersdorf sur le bord de la route. Le régiment de hussards est en marche pour Sorge avec trois escadrons. Je m'établis de ma personne à Burkersdorf.

D., colonel. »

Le colonel D. remonta à cheval (vers 7 h.) et se porta à son aile gauche, en traversant la route de Kaile, pour commencer son inspection.

Là le gros du 2ᵉ bataillon avait établi son bivouac à l'angle de la route et du bois situé à l'est. La configuration du terrain n'était pas des plus favorables; on avait, en effet, une petite crête (519,520) à très peu de distance en avant de soi; de plus, le petit bois traversait cette crête, pour se terminer en pointe plus au sud et allait rejoindre la route un peu en avant du point où celle-ci traverse la prairie étroite et allongée qui s'étend au pied des hauteurs. Il avait fallu, par conséquent, envoyer une compagnie (la 8ᵉ) pour occuper le bois. Elle se tenait dans l'intérieur, près du chemin qui passe sur le sommet 520, et elle avait porté un demi-peloton en avant jusqu'à la lisière sud, près de la route. Outre le poste devant les armes, il y avait un poste double sur la chaussée, et un autre au chemin qui descend en ligne droite du sommet 520 et va rejoindre la route un peu plus au sud, près du point où elle traverse la prairie.

Un deuxième demi-peloton de cette compagnie était détaché dans un rentrant du bois voisin situé plus à l'est et de là se reliait avec la garde qui avait son poste le plus rapproché, un poste de sous-officier, à 500 pas environ à l'angle est de la prairie. À l'ouest de la route, se trouvait un peloton de la 5ᵉ compagnie, à hauteur du gros de la 8ᵉ, au pied sud de la hauteur 519; ce peloton avait en avant un poste double sur la pente est de la hauteur 540.

Le commandant du bataillon indiqua au colo-

nel les dispositions qu'il comptait prendre en cas
d'attaque : la 8ᵉ compagnie devait garder le petit
bois qu'elle occupait, et la 5ᵉ marcher au soutien
de son peloton et défendre la chaussée, ainsi que
la hauteur 540, de concert avec la gauche du
3ᵉ bataillon. A l'entrée de la nuit, tous les postes
devaient s'avancer jusqu'au bord de la prairie
qui s'étend en avant.

On avait adjoint deux hussards au peloton de
la 5ᵉ compagnie, ainsi qu'au gros de la 8ᵉ, et au
demi-peloton qui était détaché à gauche.

Ce dernier parut trop faible au colonel, en raison de sa position isolée ; mais, comme on lui fit
observer que la prairie était difficile à passer,
le colonel approuva l'ensemble des dispositions
prises ; il s'avança toutefois de sa personne jusqu'au point où la route la traverse.

Là il s'arrêta longtemps pour reconnaître la
position des avant-postes de la garde, autant qu'il
était possible de le faire de loin, et à 7 h. 30 m.
seulement, il se porta à la droite de la ligne. Là
il trouva d'abord deux pelotons de la 12ᵉ compagnie au nord du bois, et il apprit par les officiers
que le général de division, accompagné du commandant du 3ᵉ bataillon, venait de se porter en
avant par le chemin de Deutsch-Prausnitz. Le
colonel prit ce chemin et les rencontra sur la pente
sud-est de la hauteur 592; ils avaient avec eux
un aide de camp de division et plusieurs ordonnances. Un demi-peloton de la 12ᵉ compagnie
s'était porté à leur proximité pour les couvrir.

Le lieutenant-général A., en venant de Neu-
Rognitz, avait rencontré les hussards et leur avait
adressé quelques mots d'éloges pour leur conduite
dans la journée; ensuite il avait reçu le rapport
que le colonel D. lui avait envoyé par un ordonnance. Après l'avoir parcouru, il le fit porter à
l'officier d'état-major qui se trouvait à Neu-
Rognitz, pour le faire parvenir immédiatement
au quartier-général du corps d'armée.

Le colonel D. lui fit son rapport verbal sur la
situation, et lui indiqua en détail la position de
son aile gauche, puis le général observa encore
quelque temps à la lunette la contrée où se trouvait l'ennemi.

La distance et la nuit qui s'approchait ne permettaient plus de distinguer de troupes, mais on
pouvait apercevoir un grand nombre de feux de
bivouacs en arrière de Prausnitz, ce qui faisait
supposer le gros de l'adversaire sur les hauteurs
qui se trouvent derrière ce village. Les observations rapportées par un officier de hussards, qui
revenait de cette direction, vinrent bientôt con-
firmer cette supposition.

Le général demanda encore des renseignements
sur la position de l'aile droite au commandant du
3ᵉ bataillon. Ici, comme on l'a déjà vu, la 12ᵉ compagnie avait été portée jusqu'au bois 540, près du
chemin de Burkersdorf à Prausnitz; elle occupait
la lisière sud avec un demi-peloton placé près du
chemin, et un autre demi-peloton au milieu même
de la lisière et avait détaché un poste de sous-

officier à l'angle sud-est, pour se relier aux avant-postes du 2ᵉ bataillon. La 9ᵉ compagnie était sur le bord de la route, à peu de distance du col qui se trouve entre les hauteurs 602 et 592; elle avait un demi-peloton en grand'garde à ce dernier sommet, et un deuxième au col même; ces grand'-gardes se couvraient par plusieurs postes, dont le plus avancé se trouvait au delà du bois près du sommet 628, et était composé de 6 hommes et 1 sous-officier.

Un autre poste de sous-officier couvrait le flanc droit, et se reliait avec un demi-peloton de la 10ᵉ compagnie, placée dans la forêt, à l'entrée du chemin d'Ober-Altenbuch. Le reste du bataillon, c'est à dire, deux pelotons de la 10ᵉ compagnie, ainsi que la 11ᵉ, qui était arrivée sur ces entrefaites de l'extrémité de l'aile gauche, était massé à la sortie sud de Burkersdorf, à l'ouest de la chaussée[1].

La position des avant-postes du 3ᵉ bataillon n'était rien moins que favorable, puisque la droite devait s'étendre très loin, pour pouvoir avoir un horizon suffisant.

Après s'être complètement rendu compte de la situation, le commandant de la division recommanda encore d'envoyer de grand matin l'escadron de l'avant-garde en reconnaissance, afin de s'assurer si l'ennemi restait dans sa position, ou s'il faisait quelque mouvement.

Le lieutenant-général A. retourna ensuite à

[1] Pour plus de détails, voyez le plan.

Burkersdorf, puis il alla visiter les bivouacs de la 4ᵉ brigade et de l'artillerie, et rentra enfin à Neu-Rognitz, vers 8 h. 45 m.

Le colonel D. alla encore au bivouac de son 1ᵉʳ bataillon, y trouva aussi tout en ordre, puis il s'établit à proximité dans une maison de Burkersdorf.

Remarques sur la conduite de l'avant-garde.

De 5 h. du soir à la fin du jour.

Si le peu de perspective qu'on avait d'obtenir un résultat sérieux d'une poursuite de l'ennemi, ne permettait pas de lancer sur lui la cavalerie après le combat terminé, il importait du moins qu'elle le suivît à la piste. Elle remplit ainsi une double mission, en conservant le contact avec l'ennemi et en couvrant l'établissement des avant-postes.

On a pu voir, par la manière d'opérer du régiment de hussards, comment l'on doit agir pour conserver le contact. Si ce régiment n'était pas assez fort pour accepter le combat avec la cavalerie ennemie dans la plaine en avant de Kaile, il devait en tout cas chercher à la rejeter sur ses colonnes d'infanterie en retraite. S'il y parvenait, il devenait facile de se rendre compte suffisamment de la position prise par l'adversaire, ce qui, non seulement, avait une grande importance pour les mouvements à ordonner au corps d'armée pour le lendemain, mais pouvait aussi nécessiter des modifications dans la position des avant-postes dans la soirée.

Mais le régiment de hussards se trouva en présence d'une grande supériorité de forces, et il eût été imprudent de s'avancer plus loin, tant que ces forces resteraient dans la plaine. Il ne lui restait donc qu'à lancer aussi loin que possible en avant des flanqueurs en observation et à diriger, si c'était possible, des officiers intelligents dans les flancs de la position de l'ennemi. Mais il devait en même temps songer à couvrir l'infanterie de l'avant-garde pendant le placement des avant-postes. Les différents postes n'arriveront, en effet, à leur position que successivement, à des heures différentes et, par conséquent, tant que la ligne d'avant-postes, qui a environ 4,000 pas d'étendue et qui doit, plus tard, former la première chaîne de sûreté, n'est pas établie, il faut couvrir les troupes à une plus grande distance et cette mission incombe à la cavalerie. Mais le terrain à couvrir ici est trop étendu pour que le régiment de cavalerie puisse satisfaire à cette exigence, en se plaçant dans une position centrale ; ses escadrons arriveraient trop tard pour arrêter les reconnaissances hardies de l'adversaire, qui déboucheraient tout à coup dans la position. Il faut donc le partager. C'est pour cela que la masse du régiment est placée près du bois qui couronne la hauteur 540, en face du gros des forces de l'ennemi, tandis qu'un escadron seulement a été porté vers la route de Koniginhof. Ce dernier était plus que suffisant, vu que le gros des forces de l'adversaire n'avait pas pris cette route.

Il faut aussi compter que la cavalerie ennemie ne peut rester toute la nuit trop rapprochée de son adversaire, et si son infanterie n'est pas bien éloignée, elle se retirera derrière elle et bivouaquera. Les hussards devront alors s'attacher à ses talons, s'ils n'ont pu auparavant distinguer la 1re ligne de l'ennemi, et ne pas revenir avant d'avoir aperçu les postes d'infanterie et d'en avoir reçu des coups de fusil, à moins qu'on n'ait obtenu des renseignements suffisants par d'autres voies, ainsi que cela arriva au colonel D.

Le colonel D., se croyant maintenant suffisamment renseigné sur la position de l'ennemi et voyant ses avant-postes installés, renvoya les hussards bivouaquer à Sorge, à l'exception du 4e escadron, ainsi qu'il avait été prescrit. Il pouvait le faire sans crainte en ce moment, car la nuit la cavalerie ne peut rien faire en grandes masses. Il suffisait d'un escadron pour le service qu'on peut exiger de la cavalerie en avant dans les dernières heures de la soirée ou pendant la nuit. Il ne faut pas oublier que plus une troupe bivouaque près de l'ennemi, moins elle reposera la nuit. On doit donc alors renvoyer en arrière la cavalerie que l'on ne peut employer près de l'ennemi. Mais on ne doit pas trop l'éloigner, afin qu'elle soit à son poste à temps opportun, le lendemain matin.

La position prise sur ces entrefaites par l'infanterie des avant-postes était à la fois, en raison du voisinage de l'ennemi, un poste d'observation, et un poste de défense. Vu l'heure déjà avancée, il s'agit avant tout d'assurer les bivouacs de la division contre une surprise ; à cet effet, les postes avancés doivent suffisamment se relier entre eux et s'embusquer dans le terrain, de manière à pouvoir se défendre avec succès contre de petits détachements de l'ennemi, et en même temps pour résister assez longtemps à de grandes attaques, qui pourront se produire la nuit ou le matin, et permettre aux masses qui sont en arrière de prendre leurs dispositions de combat. Il est nécessaire, à cet effet, de se concentrer autant que possible et dans les circonstances actuelles, par conséquent, il faut occuper les hauteurs qui entourent Burkersdorf.

Les soutiens les plus rapprochés, c'est à dire trois compagnies du 2e bataillon et les 10e et 11e compagnies, sont placés de manière à pouvoir secourir à temps les avant-postes contre de petites reconnaissances ennemies. Si l'on apprenait l'approche de grosses masses et qu'on se vît obligé de retirer l'avant-garde dans la position principale, ces soutiens, en occupant Burkersdorf et les hauteurs voisines, seraient parfaitement en mesure de recueillir les compagnies d'avant-postes et les grand'gardes dans leur retraite.

Si l'ennemi, au lieu de s'arrêter à une demi-lieue de notre ligne d'avant-postes, avait continué sa retraite, on pouvait pourvoir d'une toute autre manière à la sûreté de la division. Il eût suffi alors de porter en avant des grand'gardes de cavalerie sur les deux chaussées et sur le chemin intermédiaire de Burkersdorf, et de les appuyer par des compagnies placées près du bois le plus rapproché et au passage de la prairie qui conduit à Staudens, pour les recueillir en cas de retraite.

Si la division devait rester dans ses bivouacs le lendemain ou même seulement y passer la matinée, il serait nécessaire alors de faire venir à Burkersdorf tout le régiment de hussards qui aurait été plus à même de prêter un appui efficace aux grand'gardes de cavalerie. On aurait pu aussi adjoindre le lendemain une batterie à l'avant-garde.

La position des avant-postes a été organisée d'après les principes que nous avons émis, en parlant des positions défensives : la zône affectée à chaque bataillon a été déterminée de telle sorte que les soutiens des troupes avancées soient toujours formés de compagnies du même bataillon.

Le 1er bataillon resté à Burkersdorf forme la réserve générale, nécessaire surtout pour le cas où l'une des ailes serait refoulée plus vite que l'autre.

Pour terminer, nous dirons encore que l'on doit prévenir la division, aussitôt que les avant-postes sont établis, et lui en indiquer la position en général. Il est inutile d'ajouter qu'il faut aussi l'informer de tout ce qu'on remarque du côté de l'ennemi. Si les avant-postes devaient durer longtemps et qu'il ne s'y passât rien d'intéressant, il conviendrait aussi d'en donner avis dans des rapports périodiques, le matin, à midi et le soir.

Le commandant des avant-postes ne doit pas non plus se contenter de prévenir la division des mouvements de l'ennemi, il doit aussi ne jamais négliger d'exposer ses idées sur les projets que ces mouvements peuvent faire supposer. Quand on n'est pas sur les lieux mêmes pour voir, et c'est le cas pour le quartier-général de la division, on risque facilement de se tromper dans ses appréciations ; on juge la situation beaucoup mieux sur les lieux. Mais il faut alors que le commandant de l'avant-garde vérifie toujours les faits portés à sa connaissance, pour peu qu'ils soient d'une certaine importance, avant d'en donner avis. Le général-major von Katzler, qui s'est rendu célèbre comme commandant d'avant-garde, en 1813 et 1814, ne négligeait presque jamais d'indiquer, dans son rapport, qu'il s'était acquitté de ce soin. Si, par exception, les circonstances ne lui permettaient pas de le faire en personne, il ajoutait toujours son opinion sur la sincérité de la nouvelle qui lui était arrivée, avant de l'envoyer.

A voir les emplacements des bivouacs, qui sont indiqués sur le plan, on pourrait croire que l'avant-garde se trouve trop près du gros de la division. Cependant, les emplacements du gros devaient se prendre vers la position à occuper en cas d'attaque, et l'on ne pouvait ni rapprocher l'avant-garde davantage de l'ennemi, ni lui trouver plus en avant une position favorable. Il est vrai que

7

les avant-postes de l'aile gauche ne sont qu'à environ 1,700 pas, ceux de l'aile droite à 2,500 pas du bivouac du gros ; on les aurait certainement portés plus loin, si les circonstances l'avaient permis.

2. LE GROS.

Aussitôt que les adjudants-majors, à leur retour du quartier-général, ou les ordonnances envoyés par le commandant de la division eurent communiqué l'emplacement des bivouacs aux commandants des brigades, ces derniers en avisèrent les corps.

Ainsi que nous l'avons déjà remarqué, les effectifs des bataillons étaient très faibles ; nombre d'hommes isolés, qui ne savaient où était leur régiment, se joignirent aux corps les plus voisins. L'ordre écrit, dicté à Neu-Rognitz, donnait bien une idée générale des points où stationnaient les différents corps. Mais il faisait déjà nuit et une partie de ces hommes étaient si fatigués, qu'on dut les autoriser à passer la nuit là où ils se trouvaient ; on les groupa néanmoins en ordre et on les répartit dans les compagnies.

Le besoin de repos se faisait vivement sentir, après une journée aussi chaude ; dans la plupart des corps, personne ne sentait le besoin de faire la soupe, chacun assouvissait sa faim avec du pain, du lard, ou tout ce qu'il pouvait avoir sur lui. Toutefois, des corvées s'organisaient pour aller, au moins, chercher de l'eau aux villages voisins, sous la surveillance de quelques officiers; d'autres corvées étaient envoyées par les corps sur les points où ils avaient combattu, pour y rechercher les blessés qui pouvaient encore s'y trouver.

On n'avait plus la force d'enterrer les morts, on se contentait de nettoyer les différents bivouacs et leurs abords et de ramasser sur quelques points les armes abandonnées çà et là.

Quelques bataillons firent avancer leurs voitures pour compléter leurs munitions, afin d'être de nouveau prêts à combattre. Mais d'autres, qui ne pouvaient trouver leurs voitures, durent remettre cette opération au lendemain. Les bataillons du 1er régiment, qui avaient été engagés à l'aile droite et avaient épuisé de bonne heure leurs cartouches, avaient dû recourir à leurs voitures, pendant le combat. Ces voitures devaient, à leur tour, compléter leur approvisionnement au parc de munitions d'infanterie, qui devait arriver le lendemain matin.

Dans l'artillerie, les deux batteries lourdes avaient tiré 181 et 207 coups, la 1re légère 260 et la 2e 330. A l'exception de la dernière, les batteries s'étaient donc suffi avec les munitions des coffres de l'avant-train et du premier échelon de caissons[1] qui les suivait immédiatement; la

---

[1] On sait que les six caissons d'une batterie prussienne, en position de combat, sont répartis en deux échelons, l'un suivant la batterie dans la zône du feu de l'ennemi; l'autre se tenant en arrière de cette zône. *(Note du traducteur.)*

dernière, seule, avait dû recourir à son deuxième échelon. Un parc de munitions suffisait pour compléter leur chargement.

Remarques relatives aux bivouacs du gros.

Le tableau que nous venons d'esquisser à grands traits se reproduira la plupart du temps après un combat acharné. Plus les hommes seront épuisés, plus ils auront dépensé leurs forces, et moins on pourra satisfaire aux exigences de la théorie.

Mais il n'en faut pas moins connaître ces exigences et chercher à s'y conformer autant que les circonstances le permettent et dans la limite de ses forces. Nous allons donc essayer de les définir.

La première condition à remplir, c'est de remettre les troupes en état de combattre. A cet effet, il faut rétablir les liens tactiques, compléter les munitions et réparer les forces des hommes.

En ce qui concerne *le rétablissement des liens tactiques,* nous avons déjà essayé d'indiquer dans notre étude les moyens à employer pendant le combat, pour maintenir autant que possible la cohésion dans les différents corps. Plus on tiendra la main à éviter le mélange des régiments et des brigades, plus tôt on atteindra ce résultat. On ne peut certainement nier que cela ne soit difficile et même impossible dans certains cas; mais plus on s'y attachera, lors des grandes manœuvres d'automne, plus l'attention s'y concentrera en campagne. Les plus grandes difficultés viendront de l'étendue exagérée de la ligne combattante, pour laquelle nous avons déjà tant de tendance pendant la paix ; on ne peut y remédier, dans une certaine mesure, qu'en réglant le déploiement d'une troupe, soit dans l'offensive, soit dans la défensive, de manière à ce qu'elle ne soit pas obligée de porter, dès le début, toutes ses forces en première ligne.

Quelque soit le soin qu'on ait mis à maintenir la cohésion dans les différents corps, pendant l'action, il n'en faudra pas moins chercher, après le combat, à se créer certains noyaux, auxquels viendront se joindre les éléments désagrégés. La chose sera facile tant qu'on aura encore ses réserves ; mais, s'il a fallu engager toutes ses forces et qu'on n'ait plus de réserves disponibles, il faudra recourir alors aux débris de bataillons ou de compagnies qui seront encore dans la main de quelque officier et présenteront quelque consistance. L'autorité supérieure ne devra pas perdre de vue ces petites masses, qui pourront être utilisées avec avantage. Un grand nombre d'hommes isolés viendront d'eux-mêmes se joindre à ces groupes et on pourra les reformer par régiment ou par bataillon.

Il est inutile d'insister sur l'importance que l'on doit attacher à grouper de nouveau les hommes isolés et les subdivisions désorganisées. Quand même on n'apercevrait plus aucune troupe ayant quelque consistance à proximité, c'est un devoir pour tous les officiers qui sont au feu en première ligne de ramasser tous les hommes qu'ils pourront, n'importe à quelle troupe ils appartiennent, et de les conduire là où ils pensent trouver d'autres masses rassemblées.

Mais si le combat a dissous tous les corps et s'il ne se termine qu'à la nuit, il n'y a plus à songer à les reformer avant le lendemain ; le commandant de la division arrêtera les troupes les plus avancées, les chargera du service de sûreté et ira passer la nuit au bivouac du corps qui occupe le point le plus important du terrain, en général au chemin principal. Le matin seulement, il lui sera possible de remettre un peu d'ordre dans tout ce chaos.

Dans notre exemple, l'ordre a été suffisamment rétabli dans tous les régiments de la division après le combat, pour qu'elle soit de nouveau en état d'entrer en ligne. Le commandant de la division connaissait, du reste, les points où stationnaient les régiments, et il lui était facile de leur indiquer leurs bivouacs. Mais un grand nombre d'hommes, qui ont disparu de leurs compagnies pendant le combat, se trouvent encore mêlés à d'autres troupes. S'ils ne sont pas trop fatigués, s'ils connaissent l'emplacement de leur régiment et que la nuit ne soit pas trop avancée, ils rejoindront encore leur corps dans la soirée ; sinon, ils resteront jusqu'au lendemain avec le bataillon le plus rapproché. *Mais il n'en faut pas moins poser comme principe, que l'on doit employer toute son énergie à rétablir sans retard l'ordre de tous côtés.*

Il faut ensuite *remplacer les munitions.* La direction des voitures est confiée, en principe, aux adjudants-majors des bataillons. Cette mission n'est pas sans difficultés, mais on la facilite néanmoins, si l'on a soin de concentrer autant que possible par catégories les voitures de munitions des troupes déjà engagées. Ainsi, par exemple, lors du combat de la 3ᵉ brigade à l'est d'Hohenbruck, il eût été convenable de réunir celles du 1ᵉʳ régiment derrière le village près de la chaussée, et celles du 2ᵉ régiment près du bois situé à l'est du sommet 513. Lors de la continuation du combat, les premières auraient été alors dirigées sur la carrière de Sorge, et les autres près du petit bois situé au nord-est de Neu-Rognitz. Il y aurait alors tout avantage à donner la direction des voitures ainsi groupées à l'adjudant-major du régiment et à ne confier aux adjudants-majors des bataillons celle de leurs voitures respectives, que dans le cas où leurs bataillons seraient détachés ou en auraient un pressant besoin pendant le combat. En tous cas, moins les voitures de munitions seront isolées, plus il sera facile de les diriger sur les points où elles seront nécessaires.

Il faut faire nettoyer et inspecter les armes aussitôt qu'on le peut. Dans notre exemple, la journée était déjà trop avancée pour le faire complètement.

L'artillerie, outre les munitions qu'elle porte
sur les avant-trains, dispose encore de ses six
caissons par batterie, partagés en deux échelons.
Si ceux-ci ne suffisaient pas, il faudrait recourir aux
parcs[1] de munitions; il convient donc d'en rapprocher le premier échelon du champ de bataille. (Si
l'on marchait par divisions séparées, il ne serait
pas nécessaire d'échelonner les parcs de munitions
qui seraient affectés à une division.)

Il faut, enfin, pour que les troupes se retrou-
vent en état de combattre, qu'elles *réparent* leurs
forces; il leur faut pour cela manger, boire et se
reposer. Souvent, l'homme fatigué préférera
s'étendre par terre pour dormir, plutôt que de
s'éreinter encore à creuser des trous pour les cuisines, à aller chercher de l'eau et de quoi faire du
feu, pour n'avoir qu'un peu de nourriture au bout
de quelques heures. *Mais on devra, néanmoins,
toujours tenir la main à faire faire la soupe,
quand on le pourra, quelles que soient les difficultés et la répugnance des hommes.* On ne peut
prévoir ce que nous réserve la matinée du lendemain, ni si l'on aura le temps de se restaurer suffisamment pour pouvoir supporter de nouvelles
fatigues.

[1] Chaque corps d'armée avait à cette époque 9 parcs ou
colonnes de munitions, dont 5 pour l'artillerie et 4 pour l'infanterie. Ces parcs sont répartis en 2 échelons, le 1er se tient
généralement à 1/2 journée ou 1 journée de marche, il sert à
compléter les voitures des troupes, et se réapprovisionne au
2e placé en arrière. Le 2e va se fournir ensuite à des dépôts
placés plus en arrière.   (*Note du traducteur.*)

Mais, pour satisfaire à ces besoins, la première condition, c'est d'avoir des vivres à sa disposition. Les réquisitions faites sur le champ de bataille ne produisent généralement rien ou sont insuffisantes. Il faut donc recourir, pour cette journée, aux rations de réserve des troupes. Chaque homme en porte pour trois jours ; elles se composent de lard ou de viande fumée, puis de légumes secs, de riz, de sel et de café, enfin, de biscuit ou de pain. Le lard, particulièrement, est d'une très grande ressource, par la raison que l'homme peut le manger froid. Les hommes ont bien, il est vrai, une grande tendance à gaspiller prématurément les vivres qu'ils portent avec eux, et on ne peut y remédier que par une grande surveillance à exercer par les officiers, dès le début. Il y a bien aussi un certain inconvénient à surcharger le soldat, en lui faisant porter du pain pour trois jours, mais nos hommes ne sont pas très portés pour le biscuit.

En tous cas, il faut remplacer le plus vite possible la ration consommée le 27. C'est à cela que sont principalement destinés les convois de vivres qui suivent le corps d'armée[1], et il faut les faire

---

[1] Il y a par corps d'armée : 1° 5 convois ou colonnes de vivres, chacun composé de 32 voitures et portant du pain pour deux jours, du biscuit pour deux jours, du café, des légumes secs et du sel pour quatre jours ; 2° un parc de 400 voitures auxiliaires, divisé en 5 convois de 80 voitures, chacun avec une charge de fourrages (avoine et foin pour six jours) ; 3° 16 voitures de boulangerie.
(*Note du traducteur.*)

venir le plus tôt possible, la nuit même, si l'on ne peut faire autrement. Un convoi suffit pour les besoins de deux jours à une division d'infanterie. Si les voitures arrivent à temps, on ira s'y pourvoir directement; toutefois, si ce mode de distribution devait se répéter un certain temps, il faudrait faire consommer les rations de réserve et les remplacer par de nouvelles.

L'artillerie porte avec elle des rations pour trois jours, la cavalerie pour un jour. On les complète au moyen des convois de fourrages; il faut surtout veiller à faire venir les voitures qui portent l'avoine.

On avait eu le tort de ne pas attacher des convois d'une manière permanente à la 2e division d'infanterie; on a vu combien il eût été utile de le faire; deux convois de vivres et un de fourrages lui auraient suffi. Car les divisions disposent encore généralement d'un petit parc particulier de 40 à 60 voitures, qu'elles ont organisé dans le pays ennemi pour recevoir les vivres provenant des réquisitions, ainsi que la viande qui n'a pu être distribuée aux troupes aussitôt après avoir été abattue.

Le rôle de l'intendant de la division pendant le combat est, en premier lieu, de se procurer un nombre suffisant de voitures avec de la paille pour le transport des blessés et de les diriger vers les ambulances. Il doit ensuite s'occuper de faire venir les convois à temps opportun. S'ils avaient été attachés dans le principe à la division, leur place eût été à Schömberg d'où on ne les aurait fait partir que lorsque l'issue du combat n'aurait plus été douteuse. Le meilleur endroit pour les faire camper pour la nuit eût été à l'ouest de la route et au nord de Sorge. L'intendant de la division s'informe alors, près de l'officier d'état-major, de l'emplacement des différents bivouacs, afin d'y diriger ses voitures.

Quand elles arriveront d'assez bonne heure, on fera la distribution le même jour, si c'est possible; sinon, on dirigera vers les divers bivouacs les vivres qui leur sont destinés, ou l'on fera pendant la nuit tous les préparatifs nécessaires pour que la distribution puisse se faire dès le matin. Si, pendant ce temps, la viande sur pied est aussi arrivée, on peut aussi la faire abattre sur le lieu de distribution par les bouchers qui marchent avec elle ou par des bouchers commandés à cet effet, afin que la viande soit assez reposée et qu'on puisse ensuite la distribuer immédiatement. Les voitures vides sont aussitôt renvoyées au magasin le plus rapproché; on les utilisera toutefois toujours au transport des blessés, si les voitures de réquisition n'ont pas suffi; c'est à l'intendant à prendre les mesures nécessaires à cet effet et à veiller à ce que les voitures soient suffisamment pourvues de paille. Enfin, il doit tous les jours adresser un rapport à l'intendant du corps d'armée, en indiquant exactement pour combien de temps il a encore des vivres dans les convois attachés à la division.

Quant à faire bivouaquer les troupes en général, on ne s'y résoudra qu'autant que la situation militaire l'exige. Il faut toujours chercher à abriter les troupes autant que possible et occuper, à cet effet, tous les villages qui se trouvent à proximité. Dans notre exemple, cependant, le voisinage de l'ennemi le permettait à peine. Burkersdorf et Neu-Rognitz se trouvaient, du reste, sur le théâtre même du combat, et ces deux villages étaient, en ce moment, remplis de blessés non transportables. Il faut aussi laisser quelques maisons à la disposition des états-majors, qui vont maintenant commencer leurs travaux de bureau. D'un autre côté, on ne pouvait songer à utiliser Ober-Altenbuch ni Alt-Rognitz pour cantonner les troupes, car dans le premier de ces villages elles auraient été trop exposées et obligées d'employer trop de monde au service de sûreté et, dans le dernier, elles auraient été trop éloignées en cas d'attaque. Quant à Hohenbruck, ce village se trouvait déjà dans le rayon de la 1re division.

Quant aux emplacements des bivouacs de la 2e division d'infanterie, ils devaient remplir les conditions générales exigées. Ils devaient d'abord se trouver *en arrière* de la position à occuper en cas d'attaque. Ils sont, du reste, presque tous sur des pentes peu inclinées, et par conséquent à l'abri de l'humidité. Qu'on se garde bien surtout de camper dans des prairies! Il n'y a rien de plus funeste pour la santé des troupes. Tous les bivouacs sont, de plus, abrités du vent par des crêtes boisées, des bouquets de bois ou des villages, les hommes peuvent se construire des gourbis avec les ressources que présentent les bois nombreux des environs, ainsi que sut si bien le faire l'armée autrichienne en 1866. On ne doit pas négliger, et c'est du reste prescrit pour l'infanterie, de placer les hommes sur les lisières des bois ou des villages, pour leur donner plus de facilité pour s'abriter contre la température.

Quand on campe dans des bois, il faut avoir soin d'indiquer une limite que les hommes ne doivent pas dépasser, un ruisseau ou un chemin, par exemple, et y placer des sentinelles afin de les empêcher de se disperser et de s'éloigner complètement du bivouac pour aller à la maraude, au lieu de se reposer et de réparer leurs forces.

Être prêt à combattre, voilà le but que l'on ne doit jamais perdre de vue, toutes les autres considérations sont subordonnées à cette exigence. Il arrivera, par conséquent, que l'on ne pourra toujours satisfaire complètement à tous les besoins des troupes; c'est ainsi que la 2e division d'infanterie trouvera bien quelque difficulté pour se procurer l'eau nécessaire, parce qu'elle est concentrée sur un espace très restreint et qu'on n'a pu affecter aux différents corps que Neu-Rognitz et Burkersdorf, Altenbuch tout au plus, tandis que Sorge a été assigné aux hussards. Mais quand on sera plus libre dans le choix des bivouacs, on sera moins strict dans la désignation des points où les troupes pourront aller à l'eau.

Plus l'espace dont on dispose sera limité du reste, plus il faudra assigner sa place exacte aux différents corps de troupes. Mais faut toujours tenir la main à ce que les corps s'installent réglementairement au bivouac.

Dans des conditions normales, les différents bivouacs doivent avoir les dimensions suivantes :

Pour un bataillon :

FRONT :	6 longueurs de pelotons.	
PROFONDEUR :	Place d'alarme . . .	50 pas.
	De la garde du drapeau aux faisceaux . . .	10 »
	Profondeur des compagnies (intervalles compris)	125 »
	Distances des compagnies aux voitures, etc. .	20 »
	Voitures	15 »
	Des voitures aux cuisines.	40 »
	Des cuisines aux latrines.	100 »
	Total. . .	360 pas.

Pour un régiment de cavalerie :

FRONT : 1 front 1/2 d'escadron (110 pas).

(*Place d'alarme, cuisines, cantinières.*)

PROFONDEUR : 300 pas.

Pour une batterie sur pied de guerre :

FRONT : 100 pas.
PROFONDEUR : 270 pas.

Suivant que les circonstances l'exigeront, les troupes devront s'écarter des dispositions réglementaires. Ainsi, si le terrain dont dispose un bataillon a peu de profondeur, ses compagnies pourront camper côte à côte, au lieu de se grouper en colonnes de compagnie sur le centre. Il en sera souvent ainsi, quand on sera sur le bord d'un bois, et qu'on voudra y abriter les hommes. La place d'alarme, ainsi que les faisceaux seront alors à l'extérieur, tandis que les hommes camperont sur la lisière même. Mais, pour ne pas les éloigner de leurs armes, les compagnies du bataillon se mettront l'une à côté de l'autre.

La direction du vent nécessitera bien aussi quelquefois quelques changements dans l'établissement des latrines et des cuisines, de manière à ce qu'elles n'incommodent ni la troupe à laquelle elles sont destinées, ni les troupes voisines. Il sera assez difficile d'installer les latrines dans le bivouac de notre 2° division, mais il faudra au moins indiquer exactement le lieu où les hommes pourront satisfaire leurs besoins. Les latrines ne doivent pas non plus être établies entre les lignes, quand on campe sur deux ou plusieurs lignes, mais bien sur le côté ou derrière la dernière ligne. Ce sont là des détails auxquels il faut veiller et, pour cela, il est nécessaire de nommer un commandant du camp spécial, chaque fois qu'il y a différents corps réunis. Quant aux cuisines, il faudra encore prendre garde au feu, surtout quand elles seront installées près des bois et des habitations.

Examinons un instant en détail le bivouac placé au sud de Neu-Rognitz. Il se compose de 7 compagnies du 2ᵉ régiment et des 4 batteries montées. La première question est de savoir où doit se placer l'artillerie. Il lui faut, en premier lieu, un terrain découvert, pour pouvoir se porter rapidement sur la position qu'elle devra prendre sur la crête 635; mais il est essentiel aussi qu'elle se trouve à proximité d'un des chemins principaux, pour le cas où elle devrait se porter plus en avant au début du combat. Telles sont les raisons qui guidèrent le général-major B., en lui indiquant son emplacement au sud-ouest et près de Neu-Rognitz, et à proximité de la grande route.

Elle est protégée en avant par une ligne de hauteurs et par la position de l'avant-garde, et sera couverte à droite et à gauche par l'infanterie voisine qu'il faudra, à cet effet, répartir sur ses flancs. Le camp des batteries peut, du reste, être établi réglementairement.

Pour l'infanterie, il conviendrait de laisser les *trois compagnies du 3ᵉ bataillon du 2ᵉ régiment* là où elles se trouvent pour le moment, c'est à dire, entre la hauteur 635 et le petit bois situé à environ 250 pas au nord. Cette hauteur les couvrira des vues de l'ennemi et elles trouveront sur la crête une première position tout indiquée, en cas de besoin. Le bois en arrière présente, du reste, un bon emplacement pour camper. Elles pourront établir deux gardes du camp, afin de couvrir l'artillerie et en même temps se relier avec le 4ᵉ régiment qui se trouve à gauche, les gardes placeront leurs sentinelles en avant, le long de la crête ; les compagnies s'établiront l'une à côté de l'autre en colonnes de compagnie à la lisière sud du bois, où elles formeront les faisceaux et placeront leurs sacs en arrière. En supposant que le vent vienne du nord-est, on mettra les cuisines en avant de l'aile droite, l'une derrière l'autre. Les voitures, les chevaux, les cantinières trouveront alors leurs emplacements derrière le bois et les latrines au saillant sud de la forêt qui s'étend à l'ouest de Neu-Rognitz.

Le 1ᵉʳ bataillon du régiment pourra s'établir plus en arrière, entre ce saillant de la forêt et le bivouac de l'artillerie ; c'est là d'ailleurs qu'il doit être placé, en raison de la mission qui lui est assignée, puisqu'il doit former la 1ʳᵉ réserve des troupes qui auront à défendre les hauteurs. Si l'on veut aussi utiliser la forêt au bien-être des hommes, on fera camper les compagnies l'une derrière l'autre en colonne le long de la lisière est ; ici encore, en raison du vent régnant, il faudrait établir les cuisines à droite et en avant du bataillon, tandis que les latrines pourraient être réunies à celles des 3 compagnies du 3ᵉ bataillon. Le bataillon aura, en outre, un poste à placer sur le flanc droit, à l'ouest du saillant de la forêt déjà indiqué, pour couvrir le camp de ce côté. L'infanterie pourra se dispenser de se garder en arrière, du moment que le régiment de hussards se trouve à Sorge derrière le bois qui n'a

8

que 500 pas de largeur. Le régiment aura un poste à la carrière et se couvrira par un deuxième, établi sur la droite. L'artillerie, de son côté, aura à placer un poste particulier à sa gauche pour isoler son camp de Neu-Rognitz et de la grande route.

L'ordre sera maintenu dans l'intérieur du bivouac par les gardes du drapeau, de l'étendard dans la cavalerie, de parc dans l'artillerie.

Le 4e régiment campera à l'est de la chaussée, le 3e bataillon dans le terrain découvert au nord de la hauteur 603, et les deux autres au nord de la hauteur 577. Comme ce terrain est insuffisant, on le réservera pour les faisceaux et les cuisines et les hommes se placeront dans l'intérieur du bois. Chaque bataillon établira une garde du camp; le bataillon de gauche aura, en outre, un poste à placer à la vieille carrière pour se couvrir sur le flanc gauche. Tous les postes se relieront à ceux de la 3e brigade à l'ouest de la chaussée, de manière que tout le gros de la division soit couvert sur son front par une chaîne continue.

Quant au 3e *régiment*, comme il se trouve isolé, il pourra s'établir réglementairement dans le bivouac qui lui a été assigné au nord du chemin d'Alt-Rognitz.

3. — LE CORPS DE SANTÉ PENDANT LE COMBAT.

Résumons d'abord les diverses mesures qui ont été prises jusqu'ici relativement au service de santé.

Dès qu'on s'attendit à combattre, on en avait aussitôt avisé le médecin en chef de la division, en lui indiquant la direction à donner au détachement sanitaire [1] et au lazaret de campagne. On l'avait chargé, en même temps, de faire requérir des voitures pour le transport des blessés (8 h. 50 m. du matin); ce n'en est pas moins là une des obligations de l'intendance.

Vers 11 h. 30 m. du matin, le commandant de la division fut informé qu'on avait installé une ambulance volante (Noth-Verbandplatz) au bois

[1] Il n'est pas sans intérêt de rappeler succinctement ici comment est organisé le service de santé. Ce service comprend plusieurs degrés :

1º Le service de santé dans les corps comprenant 6 médecins, 12 infirmiers et 48 brancardiers, et disposant de 3 voitures sanitaires, des 6 brancards des 3 bataillons, de 3 sacs d'ambulance, etc. La moitié des médecins restent au feu pour donner les soins urgents ; l'autre moitié constitue une ambulance volante (Noth-Verbandplatz), ou renforcé la grande ambulance (Haupt-Verbandplatz) installée par les soins du détachement sanitaire ;

2º Le détachement sanitaire qui dirige le va-et-vient entre l'ambulance volante et la grande ambulance ou ambulance divisionnaire installée par les soins de son personnel médical. Il y en a trois par corps d'armée, 1 par division et un 3ᵉ en réserve. Le personnel médical de chaque détachement comprend 24 personnes et son personnel militaire 182. Il dispose de 6 voitures pour les blessés, 2 voitures sanitaires et 2 à bagages ;

3º Le lazaret de campagne ou ambulance de 2ᵉ ligne. Il y en a 12 par corps d'armée, organisés pour 200 blessés. Le chef du lazaret qui a reçu l'ordre d'entrer en fonctions pendant la bataille, envoie tout son personnel à l'ambulance divisionnaire ; après la bataille, ses blessés arrivent tout pansés et son personnel revient; le lazaret fonctionne alors comme un hôpital. Ici, un lazaret avait été attaché à la 2ᵉ division.   (Note du traducteur.)

de Kriblitz et qu'on disposait de 21 voitures de réquisition. Jusqu'alors, il n'avait pas encore été nécessaire de recourir au détachement sanitaire. Les brancardiers des corps avaient suffi (4 par compagnie) pour le transport des blessés à cette première ambulance. Le transport se faisait, du reste, sous la surveillance de sous-officiers commandés à cet effet et avec l'assistance des médecins et des infirmiers des corps voisins. Les voitures sanitaires des bataillons avaient d'ailleurs suivi leurs bataillons dans leur mouvement, de sorte qu'on eut bientôt sous la main les moyens de transport nécessaires. Celle du 2e bataillon du 1er régiment resta à l'ambulance déjà installée et on en tira tout le matériel dont on avait besoin. Le médecin-major du 1er régiment prit la direction du service de santé sur ce point.

Vers une heure, le médecin en chef de la division, voyant le combat prendre de grandes proportions, crut devoir recourir au détachement sanitaire et installer une grande ambulance à l'entrée d'Alt-Rognitz. Il avait également dirigé le lazaret de campagne sur Trautenau. Il en rendit compte au commandant de la division à 1 h. 45 m. et l'informa, en même temps, que le détachement sanitaire de la 1re division d'infanterie fonctionnait déjà à Hohenbruck. Le général approuva ces dispositions (3e partie, page 144). Il est bon de remarquer toutefois qui si le détachement sanitaire de la 1re division ne s'était pas trouvé à Hohenbruck, il eût été convenable d'y envoyer une section de celui de la 2e division.

Dans le cas actuel, le médecin en chef de la division a pris l'initiative de disposer du détachement sanitaire. C'est son droit, si la division ne lui envoie pas d'ordres, et s'il y a quelque danger à tarder ; mais ici rien n'empêchait de provoquer l'ordre de la division. L'initiative doit venir du commandant des troupes ; c'est à lui à prescrire si le détachement sanitaire doit entrer en action, et dans quelles limites ; c'est à lui à indiquer l'emplacement où il doit fonctionner, et à décider si les ambulances volantes déjà établies près des troupes doivent rester en place ou se fondre dans la grande ambulance. Si le règlement le prescrit ainsi, c'est parce que le commandant en chef seul est en état de prévoir avec quelque certitude où le combat sera sérieux, qu'il connaît les points où il veut provisoirement garder la défensive, ceux où il a l'intention de prendre l'offensive, ceux enfin où l'on aura à supporter les plus grands sacrifices ; c'est lui qui se trouve le plus à même de juger si un combat qui vient de s'engager se dessine et se développe et de prévoir les points où il sera décisif. Ce sont là des considérations dont il faut tenir compte dans l'établissement des ambulances et la répartition du corps sanitaire.

L'ambulance établie à Hohenbruck suffit à l'aile droite et se trouve dans de bonnes conditions, mais il n'en est pas de même de celle qui est destinée à subvenir aux besoins de l'aile gauche ; l'emplacement qu'on lui a assigné près de la maison nord-ouest d'Alt-Rognitz ne paraît pas heureusement choisi, attendu que la 4ᵉ brigade devait encore remonter jusqu'à Saint-Paul et Saint-Jean, avant de s'engager. Mais le médecin en chef de la division l'ignorait ; il ne pouvait donc faire entrer cette considération en ligne de compte dans le choix de ses emplacements ; seulement, le commandant de la division aurait dû l'en informer à temps. Par suite de cette négligence, les blessés de l'aile gauche eurent 3,000 pas à faire pour gagner l'ambulance la plus rapprochée, ce qui était beaucoup trop et exigeait trop de moyens de transport.

Si l'on veut utiliser dans toute sa plénitude l'organisation de notre service de santé, il est indispensable que les médecins en chef soient renseignés à temps opportun et dans une mesure suffisante par les commandants des troupes. Ces derniers pourront rarement le faire avant le combat, voire même dans les premières phases de l'engagement ; il conviendrait donc de ne pas se presser de disposer de l'ensemble des ressources du service de santé. Qu'on établisse d'abord des ambulances volantes, au moyen des médecins et voitures sanitaires des corps. Il est vrai que ces voitures, lorsque le combat se portera en avant, ne pourront généralement pas suivre les troupes à travers champs et dans les terrains accidentés ; souvent elles resteront dans quelque fossé, et là plupart du temps elles perdront toute communication avec le corps auquel elles appartiennent. Mais si le combat vient à se localiser, on aura toujours la liberté de convertir l'une ou l'autre de ces ambulances en une grande ambulance.

Mais si les pertes sont grandes dès le début, on
sera bien obligé de recourir au détachement sanitaire ; en pareil cas, toutefois, il sera bon de n'en
employer d'abord qu'une section, et surtout de ne
décharger qu'une des deux voitures sanitaires du
détachement. Il est naturel qu'on désire porter
secours le plus vite possible aux blessés qui vont
peut-être arriver en grand nombre, et on se laisse
ainsi facilement entraîner à disposer immédiatement de toutes les ressources du service sanitaire.

Et alors, si le combat se porte une demi-lieue
ou une lieue plus loin, il arrive que les nouveaux
blessés restent sans secours, car il est assez difficile de distraire une section d'une ambulance déjà
installée ; une partie du matériel reste même sur
les voitures sans être déchargé, si tous les brancardiers se sont déjà répandus sur le champ de
bataille, la répartition des médecins est faite,
chacun d'eux a déjà sa tâche tracée, chacun a un
certain nombre de blessés à panser, qui réclament
du secours avec impatience. On peut objecter, il
est vrai, que le corps de santé travaille sans relâ-
che, qu'il ne peut faire plus, et que les médecins
ne peuvent aller ailleurs, quand ils ont grande-
ment de quoi s'occuper sur un point.

Il est facile de réfuter cette objection. Les
secours à donner aux blessés sont, en effet, plus
ou moins urgents ; tous les blessés désireront
naturellement être pansés le plus tôt possible,
mais pour beaucoup il n'y a pas danger imminent
à ce qu'ils le soient une heure plus tard, tandis

que pour d'autres, il y va de la vie. Il faut donc commencer par faire un triage des blessés, à leur arrivée à l'ambulance, et ne s'occuper que de ceux qui ont un besoin urgent de secours. Mais si, par hasard, il y a des centaines de blessés à une demi-lieue de la grande ambulance et qu'on n'ait ni les moyens pour les ramasser, ni les médecins nécessaires pour les secourir, beaucoup succomberont, qui auraient pu être sauvés à temps, et le secours arrivera trop tard, s'il n'arrive que quelques heures après.

C'est là une des raisons pour lesquelles le règlement prescrit de laisser à leur corps la moitié des médecins et des infirmiers pendant le combat, tandis que l'autre moitié est désignée d'avance pour renforcer la grande ambulance. Malgré ces sages dispositions, on ne peut cependant suffire à tous les besoins. Quel que soit le dévouement des médecins qui restent au feu en première ligne, ils seront bientôt débordés ; ils n'auront ni l'assistance, ni le repos nécessaire, ni la place convenable, et ne disposeront que de ressources insuffisantes. Dans les cas sérieux, d'ailleurs, qui exigent un secours immédiat, surtout quand il s'agit d'opérations, un seul médecin ne peut rien faire, et il faut le concours de plusieurs.

Si, au contraire, on concentre le plus possible les ressources dont on dispose pour rechercher et rassembler les blessés, et qu'au lieu de laisser le personnel médical isolé sur certains points, on le mette en mesure de se prêter un appui mutuel, son action n'en sera que plus bienfaisante et plus efficace.

A cet effet, il conviendrait donc, non seulement de disposer de tous les médecins des corps, mais encore d'envoyer aux ambulances le personnel du lazaret de campagne, s'il n'est pas déjà entré en fonctions. Mais, pour cela, il faut que ce dernier en soit informé en temps utile, et *cela ne peut se faire que si les médecins dirigeants, c'est à dire les médecins en chef de division ou de corps d'armée sont renseignés à temps opportun par les commandants supérieurs des troupes.*

Il y a bien encore un autre motif pour lequel la moitié des médecins et des infirmiers des corps restent avec leurs troupes, et ne doivent pas être employés aux grandes ambulances, c'est pour ne pas laisser les troupes sans secours médical, si elles se portent en avant. Mais alors, ne serait-ce pas agir comme un commandant de troupes qui, sous prétexte de ménager ses ressources, ne les emploie pas au moment où il en a besoin ? Il serait facile de parer à cet inconvénient, si tous les médecins étaient montés, ce qui leur permettrait de rejoindre facilement leurs corps. Toujours est-il qu'il sera plus facile de leur donner la direction voulue, s'ils sont plus concentrés.

Un premier pansement se ferait alors en première ligne par les blessés eux-mêmes, ainsi que par les infirmiers des corps, ou des brancardiers exercés à ce service. Le règlement prescrit bien de réunir tous les ans un certain nombre de brancardiers au quartier-général du corps d'armée, pour y recevoir une instruction dans ce sens; mais l'on ne doit pas se borner là, et au lieu de les mettre simplement à la disposition des médecins des corps, il faut charger ceux-ci de compléter leur instruction.

Examinons en particulier l'ambulance d'Alt-Rognitz. Le personnel militaire du détachement sanitaire qui fonctionne sur ce point, se compose de 3 officiers, 148 brancardiers et 29 soldats du train, sans compter le payeur et le sergent-major; le personnel médical comprend 2 médecins-majors, 5 médecins assistants, 8 infirmiers gradés (Lazarethgehülfe), 8 infirmiers ordinaires et 1 pharmacien[1].

En matériel de transport, on dispose de six voitures pour les blessés, sans compter les deux voitures sanitaires et les deux voitures à bagages. Chacune des six voitures de transport contient deux brancards à l'intérieur et en porte encore trente autres.

Le médecin en chef de la division s'est adressé à l'intendant divisionnaire, lors de la première entrevue du lieutenant-général A. avec le général en chef, et lui a demandé de faire venir des voitures, attendu qu'on n'en avait encore que 21 de réquisition. Il l'informait, en même temps, que les hussards qui les avaient requises avaient été envoyés à Trautenau, pour s'en procurer d'autres.

[1] Voir la *Revve militaire de l'étranger*, du 11 mars 1872, page 141.   (*Note du traducteur.*)

L'intendant de la division prit les mesures nécessaires pour en faire chercher aux villages
voisins.

Le médecin en chef de la division saisit cette
occasion pour s'entretenir avec le médecin en chef
du corps et lui rendre compte des mesures qu'il
avait déjà prises. Celui-ci l'informa qu'il avait
encore dirigé trois lazarets de campagne sur
Trautenau pour y être installés en cas de besoin,
et qu'il mettrait encore à sa disposition le 3ᵉ détachement sanitaire du corps d'armée.

Le médecin en chef de la division se rendit
ensuite à Hohenbruck, où il trouva son collègue
de la 1ʳᵉ division d'infanterie, qui avait déjà pris
la direction de l'ambulance établie sur ce point.
Après quelques instants d'entretien, il se porta au
galop à Alt-Rognitz.

Là aussi, le détachement sanitaire était déjà
en pleine activité. L'emplacement choisi dans la
maison située à l'angle nord-ouest du village était
excellent ; deux vastes granges tenaient au bâti-
ment ; la maison elle-même était bien abritée au
pied des hauteurs, entourée d'arbres qui donnaient
beaucoup d'ombrage, et à côté se trouvait un
encaissement assez profond où il y avait en abon-
dance de l'eau de source bien fraîche. A l'ouest se
trouvait aussi un endroit favorable pour parquer
les voitures sanitaires et les voitures à bagages.
Le pavillon à croix rouge sur fond blanc flottait
sur une des granges à côté du pavillon national
et indiquait l'ambulance au loin. Une partie des
médecins des corps y étaient déjà arrivés.

En ce moment, le combat était très sérieusement engagé à la gauche de là 3ᵉ brigade, sur la crête à l'est du sommet 527 ; la 4ᵉ brigade continuait son mouvement tournant et traversait Alt-Rognitz. Le chef du détachement sanitaire avait envoyé trois voitures sous la conduite d'un officier, pour aller chercher les blessés sur les points où combattait la 3ᵉ brigade ; les brancardiers avaient emporté de quoi panser et rafraîchir les blessés. L'officier s'arrêta dans un fond derrière la gauche de la brigade, et de là il indiqua aux brancardiers les différents points où ils devaient se porter. Il parcourut lui-même le terrain et aperçut à l'ouest du bois 527, ceux d'un autre détachement sanitaire (c'était celui de la 1ʳᵉ division) qui fonctionnaient de leur côté ; il ne porta alors ses patrouilles dans cette direction que jusque dans l'intérieur du bois ; vers le nord, toutefois, il les poussa jusqu'au delà de la hauteur 513, où il y avait encore quelques hommes grièvement blessés du 2ᵉ régiment. On faisait boire les blessés et on leur donnait les premiers secours, puis on les plaçait sur les brancards et on les portait directement à l'ambulance ou aux voitures, suivant la distance ; on faisait avancer aussi celles-ci à proximité, quand c'était possible. Aussitôt qu'une voiture avait reçu deux hommes, elle s'en allait à l'ambulance sous la conduite d'un caporal[1] ; la

---

[1] Les 148 brancardiers comprennent 24 sous-officiers, 24 caporaux et 124 brancardiers.

(Note du traducteur.)

file de réserve qui accompagnait chaque brancard ramassait les armes et les sacs et les emportait. Les voitures, après avoir déchargé leurs blessés, prenaient de nouveaux brancards et retournaient ensuite, aussi vite que possible, sur le théâtre du combat.

Quant aux hommes légèrement blessés, on se contentait de leur indiquer l'ambulance; les brancardiers auxiliaires, de leur côté, portaient à leur tour leurs blessés aux voitures, dès qu'ils les apercevaient.

Tandis que l'ambulance se remplissait ainsi rapidement d'un grand nombre de blessés, on n'en continuait pas moins à rechercher ceux qui pouvaient encore rester et à donner les premiers soins à ceux qui en avaient besoin.

Les blessés transportés à l'ambulance étaient descendus, à leur arrivée, par les infirmiers et les brancardiers. Le plus ancien médecin-major du détachement avait réparti le personnel médical et les infirmiers présents en trois sections.

La 1re recevait les entrants, les faisait coucher et rafraîchir, les examinait et en opérait le triage.

La 2e faisait les pansements longs et difficiles.

La 3e, les grandes opérations urgentes.

Le médecin en chef de la division, qui avait pris la direction du service, aussitôt après son arrivée, dirigeait sur Trautenau les hommes légèrement blessés, à mesure qu'ils étaient assez nombreux pour former un détachement. Là, ils devaient se présenter au commandant du lieu pour être évacués sur l'étape la plus rapprochée. Tant que le combat durait, on ne pouvait les faire escorter, ainsi que le prescrit le règlement, qui en laisse le soin au commandant de la division. D'un autre côté, on ne pouvait attendre la fin du combat, parce qu'il fallait avant tout faire le plus d'évacuations possible.

Les hommes grièvement blessés étaient dirigés de la même manière sur le lazaret de campagne; ceux qui ne pouvaient marcher y étaient transportés sur les voitures de réquisition.

Au début, l'on avait un nombre suffisant de voitures et le service médical put fonctionner assez rapidement; mais il n'en fut plus de même dès que la 4e brigade fut engagée à son tour. Nous avons vu que cette brigade ne tarda pas à échouer dans son attaque et qu'elle subit, à cette occasion, des pertes considérables. Aussitôt qu'elle s'était déployée à l'ouest d'Alt-Rognitz, le commandant du détachement sanitaire avait dirigé vers elle sa 2e section et les voitures qui lui restaient encore. En raison de l'étendue que prenait le champ de bataille, l'officier qui commandait cette section partagea ses hommes en trois parties, en leur assignant à chacune une zône particulière à explorer. Mais en quelques instants, l'ambulance fut bientôt envahie par un grand nombre de blessés de l'aile droite de la brigade, et le personnel sanitaire avait peine à suffire à tous les besoins.

Le règlement prescrit au médecin en chef de la division de prendre la direction de l'ambulance et on s'y était conformé ici. Cela ne sera praticable, toutefois, que dans le cas où on défend une position, et où *une seule* ambulance suffit. Mais, quand la ligne de bataille est très étendue, le médecin en chef doit avoir la liberté de se mouvoir, s'il veut diriger l'ensemble du service. C'est pour ce motif que, dans le cas actuel, le médecin en chef de la division se porta immédiatement à l'aile gauche pour juger par lui-même des besoins. Là, il trouva le terrain couvert de morts et de blessés; dans un pareil chaos, il était impossible de distinguer où se trouvaient les médecins des corps occupés à panser les blessés. Il se mit alors à la recherche de l'officier du détachement sanitaire qui se trouvait là avec sa section; cet officier put le conduire au point où fonctionnait le médecin-major du 4ᵉ régiment, à qui il venait de parler un instant auparavant. Ils ne tardèrent pas à le trouver. Le médecin en chef le chargea d'aller installer une ambulance à la maison située devant l'église Saint-Paul et Saint-Jean. Il prescrivit ensuite à l'officier de diriger sur ce point ses brancardiers avec leurs blessés et d'indiquer la nouvelle ambulance à tous les médecins de troupes qu'il rencontrerait. Il fit ensuite porter la note suivante au médecin en chef du corps par un sous-officier du train :

« En raison des grandes pertes de

l'aile gauche, il est urgent de recourir
au 3ᵉ détachement sanitaire. Je vous prie
de l'envoyer sans retard à l'église Saint-
Paul et Saint-Jean, à Alt-Rognitz, où
le médecin-major E. installe une ambulance.

F., médecin en chef de la division. »

Il retourna ensuite au galop à la grande ambulance pour en distraire ce qu'il pourrait et
l'envoyer au médecin-major E.

Ce dernier rencontra les plus grandes difficultés pour installer son ambulance; il y avait
bien un emplacement convenable, mais rien de
plus. L'officier du détachement sanitaire finit, il
est vrai, par trouver encore deux médecins qu'il
dirigea sur l'ambulance, ainsi que quelques infirmiers et des brancadiers auxiliaires. Les blessés
qui apercevaient les voitures sanitaires se diri-
geaient dans la direction de ces voitures, de sorte
qu'on eut bientôt une masse d'hommes réunis sur
le même point et réclamant des secours qu'on ne
pouvait leur donner, parce qu'on n'avait pas de
voitures de médicaments, et pour les rechercher,
on n'avait plus personne de monté sous la main.
Enfin, au bout d'une demi-heure, le médecin en
chef de la division arriva avec une voiture sanitaire, accompagné de trois médecins et de trois
infirmiers, qui avaient laissé à leurs collègues les
blessés confiés précédemment à leurs soins.

Les voitures requises par l'intendance ne parvinrent pas davantage jusque là, parce qu'au moment où elles arrivèrent à l'entrée nord-ouest du village, on les avait immédiatement employées au service de l'ambulance qui fonctionnait déjà sur ce point.

On renonça donc à transporter en arrière les blessés de la nouvelle ambulance dans la journée, et on préféra les loger dans les maisons voisines à l'aide des hommes légèrement blessés, qui furent, à cette occasion, d'un grand secours.

Après 1 h. 30 m. de cruelles difficultés, on vit enfin arriver le 3e détachement sanitaire, ce qui permit de mettre un peu d'ordre dans la situation. Lorsque le service fut suffisamment bien installé pour fonctionner régulièrement, le médecin en chef crut de son devoir de s'assurer des mesures qu'on avait prises à l'égard des blessés de l'aile droite, qui avait, sur ces entrefaites marché victorieusement en avant. Là il trouva une tente dressée près d'une des maisons détruites de Neu-Rognitz, située le plus au nord, et il put constater avec satisfaction qu'une section du détachement sanitaire de la 1re division d'infanterie s'était déjà portée sur ce point, où le travail était loin de lui manquer. Il fit ensuite le rapport suivant qu'il envoya au commandant de la division :

« Le 1er détachement sanitaire est établi à Hohenbruck et Neu-Rognitz, le 2e à l'entrée nord d'Alt-Rognitz, le 3e au milieu du village près de l'église. Celui-ci

9

n'a aucune voiture pour transporter ses blessés. On ne peut encore préciser le nombre des blessés ; il y en a en tout cas plus de 1,000. Je passerai la nuit au 3e détachement sanitaire. »

P., médecin en chef de la division.

Le médecin en chef de la division, ainsi que ses collègues, furent encore occupés toute la nuit sans interruption, de sorte qu'on put à peine songer aux blessés de l'adversaire restés sur le champ de bataille ; heureusement, l'ennemi avait laissé, lors de sa retraite, quelques médecins auprès d'eux à Neu-Rognitz et à Burkersdorf. A Burkersdorf, on leur adjoignit le concours de deux médecins qui étaient restés avec le 1er régiment.

Une partie des brancardiers passa encore quelques heures de la nuit à la recherche des blessés.

Tel est à grands traits le rôle rempli par le corps de santé sur le champ de bataille, le 27 juin.

4. — L'OFFICIER D'ÉTAT-MAJOR.

Pendant que le commandant de la division visitait les avant-postes, l'officier d'état-major était resté à Neu-Rognitz, où il était occupé à rechercher s'il y avait encore quelques ordres à donner. En ce qui concernait les munitions et les vivres, le nécessaire était déjà fait ; l'intendant de la division venait précisément de le quitter, après s'être entendu avec lui sur la question des vivres ; l'officier d'état-major savait aussi que les

troupes avaient été avisées d'envoyer les prisonniers et les chevaux de pris sur Trautenau, où
avaient aussi été dirigés les blessés. Il ne restait
plus qu'à faire venir les voitures à bagages des
corps, ce à quoi il supposait qu'on n'avait pas
pensé. Sur ces entrefaites, il apprit par l'aide de
camp qui était resté en arrière que l'ordre en
avait déjà été donné par le commandant de la
division. Le lieutenant-général avait, en effet,
pendant une des longues courses de l'officier
d'état-major, envoyé de bonne heure en arrière
l'ordre de les faire filer jusqu'à Parschnitz, aussitôt que la garde aurait traversé les défilés des
montagnes. Le combat terminé, il leur avait prescrit de se diriger par Trautenau sur Neu-Rognitz.
Cependant, elles n'étaient pas encore arrivées à
destination quand la nuit arriva et l'officier d'état-
major, prévoyant les difficultés qu'elles auraient
à trouver leurs corps respectifs dans l'obscurité
et voulant prévenir les désordres qui ne manque-
raient pas de se produire, crut devoir envoyer un
ordonnance au devant du convoi, pour lui prescrire de parquer à l'ouest de la chaussée avant
d'arriver à Neu-Rognitz.

Cet officier se mit ensuite à rédiger le rapport
sur la journée du 27 juin. Il venait de le terminer, lorsque son général revint de sa visite des
avant-postes à 8 h. 45 m. Il lui rendit compte des
mesures qu'il avait cru devoir prendre relativement aux bagages, ainsi que de celles de l'intendant concernant les vivres; le général l'ayant

approuvé, il lui lut le projet de rapport suivant :

RAPPORT DE LA 2ᵉ DIVISION D'INFANTERIE, SUR LE COMBAT
DE NEU-ROGNITZ, LE 27 JUIN 1866.

Le 27 juin, à 4 h. du matin, la division et la 1ʳᵉ brigade de cavalerie quittèrent leurs bivouacs de Bertelsdorf et Schömberg, et se mirent en marche sur Trautenau.

À 6 h. 30 m., la tête de la colonne arriva à Parschnitz, au débouché des défilés des montagnes. Conformément aux ordres du corps d'armée, la division s'arrêta à Parschnitz. La 1ʳᵉ division n'était pas encore arrivée, mais on s'était toutefois mis en communication avec elle par des patrouilles. Le général commandant la 2ᵉ division prit les mesures nécessaires pour couvrir ses troupes rassemblées; à cet effet, il fit occuper par 7 compagnies, 1 batterie et 1 escadron sous les ordres du colonel D., le défilé que forme la route de Liebau à 1200 pas avant d'atteindre Trautenau, et fit passer l'Aupa au général-major B. avec 4 bataillons de la 3ᵉ brigade, 1 batterie, 2 escadrons et demi, et la compagnie du génie, pour aller prendre position sur les hauteurs de la rive droite; 1 compagnie et un demi-peloton de hussards furent détachés en avant dans la vallée de l'Aupa, dans la direction de Rausnitz.

À 8 h. 30 m., on fut informé par le détachement qui couvrait la division sur le flanc gauche qu'une grosse colonne de toutes armes marchait sur Trautenau, et que sa tête était sur le point d'entrer à Hohenbruck.

Dans ces circonstances, quoique la 1re division ne fût pas encore arrivée, on crut nécessaire de s'emparer de Trautenau avant que l'ennemi ne s'y établît. Le moyen le plus simple pour atteindre ce but le plus rapidement possible était certainement de se porter par la rive droite de l'Aupa contre le flanc et la ligne de retraite de l'ennemi. Le général prescrivit, en conséquence, au gros de la division de passer aussi l'Aupa à Parschnitz, et de se porter à la gauche des troupes de la 3e brigade qui se trouvaient déjà sur les hauteurs.

A 9 h., une batterie ennemie, en position sur le Hopfenberg, ouvrit le feu; trois de nos batteries y répondirent immédiatement. Le mouvement qui menaçait d'envelopper l'aile droite de l'ennemi ne tarda pas à produire son effet, et l'adversaire, pour échapper à ce danger, se vit obligé d'abandonner la position qu'il occupait sur les hauteurs de Trautenau et de précipiter sa retraite sur Neu-Rognitz. Le 2e bataillon du 1er régiment eut, à cette occasion, au ravin de Kriblitz, un engagement assez sérieux, mais de peu de durée, avec les troupes que l'ennemi avait jetées sur son flanc gauche pour couvrir son mouvement.

L'adversaire, qui pouvait avoir environ 1 brigade, 3 batteries et 4 escadrons du X° corps d'armée, occupa ensuite les bois au nord de Neu-Rognitz et s'y mit en état de défense. Le général

de division, craignant de s'engager sérieusement
en poussant plus loin et d'attirer ainsi à lui le
corps d'armée, ce qui le détournait forcément de
la direction qui lui était prescrite sur Arnau, se
borna pour le moment à concentrer sa division
sur les hauteurs entre Hohenbruck et Alt-Rognitz,
et à ne faire continuer le combat que par l'artillerie.

A 11 h. 30 m., le général en chef arriva sur
les hauteurs de Trautenau; de là il aperçut la
1re division qui s'approchait de la ville et ordonna
aussitôt de continuer l'attaque. D'après ses dispositions, on devait attaquer la position de front,
en s'appuyant solidement à la grande route et,
en même temps, chercher à envelopper le flanc
droit de l'adversaire.

A cet effet, il fut prescrit à la 3e brigade d'occuper Hohenbruck avec un bataillon et de prendre
ses dispositions pour aborder le front de l'ennemi
à l'est de la grande route. La 4e brigade devait
gagner l'église Saint-Paul et Saint-Jean, et se
jeter ensuite par un mouvement de conversion sur
le flanc de l'ennemi avec le régiment de hussards.
Les deux batteries légères devaient appuyer l'attaque de la 3e brigade, et les batteries lourdes
prendre position à Alt-Rognitz, de manière à préparer par leur feu l'attaque de la 4e brigade.

En présence du mouvement qui menaçait de
l'envelopper, l'adversaire, qui paraissait avoir
reçu des renforts, occupa les bois au sud du chemin carrossable entre Alt-Rognitz et Neu-Rognitz

et déploya des masses de tirailleurs dans les fonds et les ravins qui couvraient sa position.

Tandis que la 4ᵉ brigade exécutait son mouvement tournant, le général-major B. porta la 3ᵉ brigade en avant jusqu'à un mamelon rapproché de la position de l'ennemi et de là prépara son attaque en lançant en avant de gros essaims de tirailleurs. A la droite, le 1ᵉʳ régiment ne tarda pas à se trouver sérieusement engagé ; mais après un combat indécis, il parvint à pénétrer dans le bois qui touche la chaussée au nord de Neu-Rognitz.

Un peu après 1 h., les deux batteries, qui avaient pris position à l'ouest et à l'est de la grande route, furent forcées de se retirer devant notre artillerie. L'artillerie de corps du 1ᵉʳ corps d'armée s'engagea au même moment au sud d'Hohenbruck.

Vers 2 h. moins un quart, la 4ᵉ brigade se trouvant formée à l'ouest d'Alt-Rognitz et ayant pris toutes ses dispositions, la division se porta à l'attaque sur toute la ligne.

La 3ᵉ brigade réussit dans son premier élan à pénétrer dans le bois que l'ennemi occupait en forces au nord-est de Neu-Rognitz, et à gagner peu à peu du terrain sur ce point, ainsi que dans le village ; mais la 4ᵉ brigade échoua complètement. Les troupes de cette brigade tombèrent sous le feu croisé du village et des bois situés au sud ; l'ennemi lança de nouvelles forces dans leur flanc et fit rentrer en même temps son artillerie en action; malgré tous ses efforts, la droite de la brigade recula en désordre, après avoir éprouvé de grandes pertes. Le général-major E., ainsi que le colonel F., furent blessés. Nos troupes, sabrées de tous côtés par la cavalerie ennemie, n'échappèrent à une catastrophe que grâce à l'énergie du régiment de hussards, qui était rapidement accouru et arriva à temps pour les dégager.

L'aile gauche de la brigade tint un peu plus longtemps; mais après la mort du colonel G., le régiment qui formait cette aile, se voyant pris en flanc par des troupes fraîches de l'ennemi, rétrograda aussi en désordre.

Le feu de l'artillerie réussit à arrêter l'adversaire; le commandant de la division se porta de sa personne à l'aile gauche et parvint à reformer ses troupes sous la protection de deux bataillons encore intacts du 4ᵉ regiment, qui soutinrent un combat sur place. Le lieutenant-colonel Z. prit le commandement par intérim de la brigade.

Tandis que la 3ᵉ brigade victorieuse s'établissait peu à peu dans Neu-Rognitz et le bois situé à l'ouest du village, l'aile gauche renouvela son attaque, après l'avoir fait préparer à fond par les quatre batteries réunies; elle la dirigea contre les bois du chemin carrossable encore occupés par l'ennemi et s'en empara. Cependant, l'adversaire tenait encore dans les bois au sud-est de Neu-Rognitz et avait des masses en réserve sur les hauteurs qui descendent vers Burkersdorf, des deux côtés de la route. On avait appris, sur ces entrefaites, que la division de la garde était en marche sur Burkersdorf et Staudenz, ce qui dispensa pour le moment d'attaquer la position.

Ce mouvement ne tarda pas à produire son effet, et l'adversaire, se voyant menacé sur ses derrières, évacua vers 11 h. sa dernière position pour se retirer sur Deutsch-Prausnitz et Kaile, en couvrant sa retraite par des masses d'artillerie et de cavalerie; il occupa ces deux villages, ainsi que les deux chaussées avec une arrière-garde. Le 1er régiment s'avança jusqu'à Burkersdorf et en chassa les troupes que l'ennemi y avait encore, tandis que l'artillerie les canonnait des hauteurs au Nord de Burkersdorf. On établit ensuite les avant-postes sous la protection du régiment de hussards, qui s'était porté à quelque distance au sud de ce village.

Le 1er régiment et l'escadron, sous les ordres du colonel D., occupèrent en avant-garde Burkersdorf et les bois voisins, et se relièrent avec la garde qui était arrivée à Staudenz.

Le gros bivouaqua à Neu-Rognitz.

On ne connaît pas encore le chiffre des pertes, mais en tout cas il dépasse 1,000 hommes. L'ennemi paraît avoir perdu beaucoup de monde; plusieurs centaines de prisonniers non blessés sont restés entre nos mains. Les forces que l'ennemi a engagées se composaient, à ce qu'il paraît, du 10e corps d'armée et d'une division de cavalerie.

Le général approuva ce rapport qui fut remis
à un aide de camp pour être copié, aucun secré-
taire n'étant encore arrivé.

Le rapport du médecin en chef de la division
étant arrivé sur ces entrefaites, on n'avait plus
aucune inquiétude à avoir sur le service de santé,
qui se trouvait ainsi assuré.

Il ne restait plus qu'à attendre les ordres du
corps d'armée, qui n'étaient pas encore parvenus,
et qui n'arriveraient que dans le courant de la
nuit; on devait d'ailleurs monter à cheval de
bonne heure, pour aller aux avant-postes. Le général congédia alors ses officiers après 10 heures,
et chacun se hâta d'aller se reposer.

Remarques sur le rapport.

Nous avons donné ici la relation textuelle de
la 2e division d'infanterie. Chaque corps de troupes doit autant que possible en faire une semblable le jour même. Ces relations formeront non
seulement les matériaux nécessaires à l'historique
qui sera fait plus tard, mais elles permettront
encore de profiter de l'expérience acquise au prix
de grands sacrifices, pour en tirer les enseigne-
ments qui devront servir de base à l'éducation tactique à donner aux troupes dans les loisirs de la
paix. Elles sont encore nécessaires pour toute
espèce de recherches qu'on peut avoir à faire,
pour établir, par exemple, les droits à des gratifi-
cations, etc., et serviront surtout à repousser les

accusations mal fondées et à donner tous les
éclaircissements possibles à la critique.

Les rapports doivent être faits immédiatement
après l'affaire, pour reproduire fidèlement les im-
pressions de la journée et fournir la charpente
solide de l'œuvre d'ensemble qui sera entreprise
plus tard. Différer cette opération, c'est s'exposer
à voir les appréciations les plus fantastiques se
produire. Les questions de temps et d'espace
font une toute autre impression sur l'esprit pendant la bataille qu'à un autre moment. Les minutes d'attente passive sous le feu paraissent
aussi longues que des heures, et le phénomène
inverse se produit quand on est abrité et dans
l'inaction. La mémoire pourrait donc plus tard
jouer de mauvais tours, et il faut vider ces questions séance tenante.

Les rapports à faire immédiatement doivent
être exacts, concis et clairs.

Pour être exact, on ne doit dire que ce qu'on
a vu soi-même ou appris par les organes dont
on disposait.

On ne doit pas chercher à dissimuler les phases
malheureuses de l'action, mais bien faire comme
on a fait ici relativement à l'échec de la 4ᵉ brigade. Cela ne servirait à rien, du reste, car on
viendra bien à en parler, et la sincérité du rap-
porteur ne pourrait qu'être suspectée. Il faut être
très-réservé et circonspect dans ses appréciations
sur les pertes qu'on a subies et qui ne peuvent
être immédiatement connues, aussi bien que sur

les forces et les desseins supposés de l'ennemi qu'on a combattu. Il faut, au contraire, une grande précision dans la désignation des heures, pour qu'on puisse bien se rendre compte des situations respectives. Mais, en général, on ne peut le faire que dans les états-majors, où un officier en est spécialement chargé ; dans les corps de troupes, c'est tout au plus si l'on tire sa montre au premier coup de canon, voire même à la fin du combat.

On doit répéter textuellement les ordres donnés ou reçus, afin d'éviter des contestations ultérieures.

Souvent l'on exagère la conduite des troupes. Ainsi, l'on rencontre souvent des appréciations comme celle-ci : « Le régiment s'élança sur la position avec une bravoure incomparable », et si l'on examine les faits, on constate qu'il a enlevé la position avec des pertes de 10 à 20 hommes seulement, ou qu'elle n'était défendue que par quelques compagnies. L'histoire militaire viendra cependant plus tard éclairer la situation et disperser le nuage qui plane sur la vérité. En tout cas, si la vérité ne doit pas se faire jour auparavant, l'histoire n'emploiera pas d'hyperboles, car le simple exposé des faits suffira et fera plus d'effet que tous les éloges.

On doit apporter le même soin à la tenue du journal de campagne. Tous les jours doivent être notés et marqués, même les jours de repos ; autrement, on verrait se produire les erreurs les plus

étranges. Nous nous rappelons avoir lu un journal
de campagne où était spécialement mentionné
un 31 juin! Quant à ce que doit contenir le journal
de campagne, il n'y a qu'à s'en rapporter aux
instructions. Si l'on se bornait à indiquer si le
quartier-général du jour était plus ou moins bon,
ou à inscrire le nombre de chevaux qui se sont
blessés, il serait loin de remplir son but.

Quant aux pertes de la division, telles qu'elles
ressortent plus tard des recherches exactes qui
ont été faites, elles se montaient à :

Tués.	16 officiers,	245 hommes,	37 chevaux.
Blessés.	61 »	1571 »	59 »
Disparus.	»	91 »	19 »
Total.	77 officiers,	1907 hommes,	115 chevaux.

Le 3e régiment est celui qui fut le plus éprouvé,
lors de l'attaque où il fut repoussé et où il perdit
27 officiers et 673 hommes.

LA JOURNÉE DU 27 JUIN CHEZ L'ADVERSAIRE.

Il est intéressant de connaître ce qui s'est passé
chez l'adversaire, le 27 juin. Nous allons présenter
les faits d'après les relations officielles et les his-
toriques de la campagne, qui ont été publiés plus
tard.

D'après ces relations, le 10e corps de l'armée
du sud et une brigade de la 1re division de cavalerie de réserve se trouvaient répandus le 26 juin
en larges cantonnements aux environs de Koni-

ginhof, principalement sur la rive droite de
l'Elbe; la 1ʳᵉ brigade (7 bataillons, 3 escadrons
et 2 batteries) s'était avancée jusqu'à Deutsch-
Prausnitz et le 2ᵉ régiment de dragons observait
la frontière à Trautenau.

Lorsque le grand quartier-général apprit la
présence du 1ᵉʳ corps de l'armée du nord à
Schömberg et à Liébau, il donna l'ordre au
10ᵉ corps d'armée de se porter le 27, au matin,
sur Trautenau et de s'opposer au passage de la
frontière par l'ennemi.

En exécution de cet ordre, la 1ʳᵉ brigade se
porta sur Trautenau, où elle arriva un peu après
8 h. du matin, mais elle trouva les têtes de colonne
de l'adversaire déjà à Parschnitz. Grâce à la supériorité considérable de ses forces, l'ennemi put
faire passer l'Aupa à de grosses masses qui se por-
tèrent contre le flanc de la brigade. La brigade,
voulant éviter un engagement dans l'isolement
où elle se trouvait, sut se soustraire à temps au
mouvement qui menaçait de l'envelopper et alla
prendre position en arrière, à Neu-Rognitz. Le
bataillon de chasseurs occupa les bois à l'ouest de
la route, les deux premiers bataillons du 1ᵉʳ régiment, ceux qui sont situés contre la chaussée,
ainsi que le bouquet de bois qui se trouve au
nord-est du village; le 3ᵉ bataillon se plaça en
réserve en arrière. Le 2ᵉ régiment jeta son 1ᵉʳ bataillon dans les bois du chemin carrossable d'Alt-
Rognitz, pour couvrir le flanc droit; les deux
autres bataillons restèrent en réserve à la disposi-

tion du commandant de la brigade, à l'entrée sud de Neu-Rognitz, ainsi que les trois escadrons du régiment de uhlans. Le régiment de dragons éclairait le terrain dans la direction de Rudersdorf et d'Eypel. Une batterie était en position en avant de Sorge, la deuxième à l'est de Neu-Rognitz; celle-ci fut ensuite renforcée par une batterie à cheval qui arriva quelques instants après avec la brigade de cavalerie.

L'adversaire nous laissa tout le temps nécessaire pour nous installer dans la position. A 1 h. seulement, il commença son attaque, qu'il dirigea d'abord sur notre front.

Cependant, le commandant de la brigade, ayant découvert un peu plus tard le mouvement tournant de l'aile gauche de l'ennemi, renforça par un autre bataillon du même régiment celui du 2ᵉ régiment qui occupait les bois du chemin carrossable. Le commandant de la division étant arrivé sur ces entrefaites, et sachant que la 2ᵉ brigade venant de Koniginhof s'approchait du champ de bataille, fit entrer le dernier bataillon de la réserve dans Neu-Rognitz pour occuper le village. On apprit dans l'intervalle, par les rapports des dragons, que d'autres fortes colonnes ennemies, venant du Nord, s'avançaient sur Rudersdorf; on envoya en conséquence l'ordre à cette brigade de porter un régiment avec la batterie sur la hauteur de la vieille carrière pour appuyer l'extrémité de l'aile droite et de laisser l'autre régiment et le bataillon de chasseurs continuer leur marche sur Neu-Rognitz.

L'ennemi avait, pendant ce temps, considérablement renforcé son artillerie et forcé nos trois batteries à se retirer. Son infanterie attaqua bientôt après sur toute la ligne. Cette attaque fut repoussée avec succès par l'aile droite; le régiment de uhlans et une batterie furent sérieusement engagés. Mais l'adversaire parvint à pénétrer dans les bois au nord et au nord-est de Neu-Rognitz, et même à entrer bientôt dans le village.

Le moment paraissait favorable pour changer la tournure du combat en engageant les réserves; toutefois, le commandant de la division dut examiner s'il était opportun de le faire.

A la suite des différents avis qu'il reçut de l'approche de nouvelles masses ennemies, il put se convaincre qu'un succès momentané n'aurait d'autre résultat que d'aggraver la situation générale. On se savait, en effet, engagé avec une division ennemie, une deuxième était sur le point de se porter par Hohenbruck à l'ouest de la chaussée, et on en distinguait déjà parfaitement les colonnes. La masse d'artillerie que l'ennemi mettait en batterie ne pouvait faire douter de la présence du 1er corps d'armée tout entier.

D'autres rapports annonçaient encore la marche de nouvelles masses par Rudersdorf et en même temps on apprenait que des colonnes, venant de l'est, s'avançaient aussi dans le défilé d'Eypel.

Pour faire face à toutes ces forces, dont on estimait le total à deux corps d'armée, on n'avait que 14 bataillons sous la main, les deux autres brigades du corps et la réserve d'artillerie s'approchaient seulement de Deutsch-Prausnitz; il avait fallu, en effet, beaucoup de temps pour réunir les larges cantonnements qu'on avait pris sur la rive droite de l'Elbe, et leur départ avait été considérablement retardé.

On se crut dès lors autorisé à cesser le combat sur tous les points où cela était encore possible, afin de se soustraire au mouvement qui menaçait de nous envelopper, et à réunir provisoirement le corps d'armée dans la position au sud de Deutsch-Prausnitz, pour couvrir les routes de l'Elbe et attendre le lendemain des renforts.

Sous la protection de l'artillerie et des quatre bataillons de réserve qui occupaient Neu-Rognitz et les hauteurs de Burkersdorf, on parvint à dégager les troupes de la 1re brigade et à les diriger sur Deutsch-Prausnitz. Les trois bataillons restants de la 2e brigade, ainsi que la batterie, couvrirent le flanc droit et eurent un léger engagement à soutenir au nord de Staudenz avec des troupes de la garde.

La 2e brigade fut ensuite recueillie dans la plaine par les quatre batteries et la cavalerie qui s'y trouvait réunie au nombre de 19 escadrons, comprenant la 1re brigade de la 1re division de cavalerie de réserve, 3 escadrons de uhlans et 4 de dragons.

L'ennemi nous suivit, mais ses masses ne dépassèrent pas Burkersdorf.

Les pertes se montèrent à 1,070 hommes, tant

10

tués que blessés, et 650 prisonniers ; un grand nombre de blessés sont restés entre les mains de l'ennemi.

Il résulte de cet exposé que la 2° division d'infanterie, dans le sanglant combat du 27 juin, n'a guère eu affaire qu'à 7 bataillons, 7 escadrons et 3 batteries. Il est vrai que, dans les dernières phases du combat, il y avait en arrière 7 autres bataillons, 12 escadrons et 1 batterie, prêts à les appuyer ou à assurer leur retraite.

FIN.

Bivouac et Position des avant-postes de la IIᵉ Division d'Infanterie
le 27 Juin au soir.

N.

Savigny

Ober-Mienbach

Staudenz

Meder

Ober

Deutsch-Praussnitz

Renvoi.

1.2.3.4.5.6.7. Demi-pelotons poussés en avant.
8.9.10.11. Postes de sous-officiers.
12.13.14.15.16.17.18.19.20.21.22. Postes doubles.
et sans numéros indiquant les gardes
du camp et celles établies sur les flancs
des différents bivouacs, ainsi que leurs
postes.

Echelle 1 : 25,000.

Verdy du Vernois IV.

C. Muquardt à Bruxelles

NOUVEAUTÉS MILITAIRES DE C. MUQUARDT

HENRY MERZBACH, SUCCr, ÉDITEUR A BRUXELLES

—∘⊰∘⊱∘—

Fr. C.

BRIALMONT (colonel). Fortification improvisée, 2e édit. in-16, avec
9 planches 3 50

— La fortification à fossés secs. 2 vol. gr. in-8°, avec un atlas
gr. in-fol.. . . . . 45 »

— Étude sur la fortification des capitales et l'investissement des
camps retranchés, in-8° avec 2 planches . . . . 7 »

CAMPAGNE DE METZ, par un général prussien, avec carte (2e édition)
(1871) 1 50

CHESNEY (colonel). Études sur la campagne de 1815. Waterloo,
in-8° avec une carte 7 50

COFFINIÈRES DE NORDECK (gén.). CAPITULATION DE METZ. Réponse à
ses détracteurs, in-8° (2e édition). 1 50

DAUDENART (major). La guerre sous-marine. Les torpédos, in-16
avec 2 planches. 2 50

DE FORMANOIR (capit. d'ét.-maj.). Les chemins de fer en temps de
guerre, avec gravures, in-16 (2e éd.) 1 50

— Étude sur la tactique de la cavalerie, in-16 avec 21 gravures. 3 50

DE RUYDTS (cap.). Les ponts militaires, in-16 avec pl. . . . 1 50

DUC DE CHARTRES. Champs de bataille du Rhin, in-16 . . . 2 50

EMPLOI DE L'ARTILLERIE rayée en campagne, in-16, (épuisé) . . 1 »

FAY, CH. (lieut.-col. d'ét.-major). Journal d'un officier de l'armée
du Rhin, 4e édit., avec carte, in-8° . . . . 5 »

FICSH (capit., répétiteur d'art militaire et de fortification à l'école
militaire de la Belgique). Etudes sur la tactique. Matières
d'examen du programme *B* pour les lieutenants d'infanterie.
1 vol. in-12, avec 10 pl.. . . . . 3 50

FISCHER, Étude sur l'emploi des corps de cavalerie au service de
sûreté des armées, in-16 avec gravure (1872) . . . . . 1 »

GIRARD (capit.). Construction et emploi des défenses accessoires,
in-16 avec 4 planches, 2e édition 1 50

GRATRY (capit.). Essai sur les ponts mobiles militaires, in-8° avec
planches 7 50

GRATRY, AUG. (major). Du pain et des différents modes et systèmes
employés pour sa fabrication. 1 vol. gr. in-8°, avec 2 pl. . . 3 »

GUERRE FRANCO-ALLEMANDE DE 1870-1871, SOUS LE ROI GUILLAUME, par un
off. d'ét.-maj. prussien, trad. de l'all. par L. de Dieskau, cap.
d'ét.-maj., et G. A. Prim, lieut. d'inf. 1re et 2e parties.

www.ingramcontent.com/pod-product-compliance
Lightning Source LLC
Chambersburg PA
CBHW070756290326
41931CB00011BA/2034